ZHONGGAO TIANXIA FUMU
HAO DE GUANXI SHENGGUO XUDUO JIAOYU

忠告天下父母

ZHONGGAO TIANXIA FUMU

HAODE GUANXI SHENGGUO XUDUO JIAOYU

好的关系胜过许多教育

孙云晓教授谈平等和谐的亲子关系

孙云晓　张纯颖　著

浙江少年儿童出版社

忠告

天下父母

近 20 年的同事，最热烈而持久的话题莫过于孩子。请看一个小学五年级女生的母亲与著名教育专家孙云晓的诚挚对话。

www. lexmod . com

写在前面的话

孙云晓

大约是 2005 年的深秋,香山的黄栌叶子变得赤红如火的时候,我的老朋友袁丽娟从杭州来到北京。20 年前她就编过我的稿子,16 年前为我出版过《痛苦——快乐之门》一书。此次见面,她特约我写家庭教育方面的书,并且要"最好的"。

朋友之托让我为了难,难在一个"好"字。说实话,这些年我也出了一些书,写书的心淡了挺多,但一个"好"字还是让我有些激动。

2006 年元旦的早晨,我 6 点就醒了,因为一个奇妙的灵感向我袭来。我想,以往作者写书都是一人对天下,写得好与坏、对与错,谁也奈何不了他。今天,我写家庭教育方面的书是写给父母们看的,如果采取直接与父母们对话讨论的方式,岂不是更有针对性和实用性吗?我在中国青少年研究中心工作近 20 年,科研人员里许多都是为人父母者,常以孩子为聊天内容。大家可想而知,同事聊天谁会去说些假大空的话呀,一般都是说些切身之感甚至是肺腑之言。于是,我决定做一次全新的尝试,从科研人员里找 5

位孩子正读中小学的父母，与他们深度对话，探讨家庭教育中最重要的、最棘手的各种前沿问题。

兴奋之际，我不到8点就给袁丽娟打了电话，那是一个阳光灿烂的早晨，她当即表示赞成。她非常关心内容的设计，而对于内容我是自信满满的。我一向认为，为人父母需要有上岗执照。今日世界有上万种职业，几乎都需要持证上岗。譬如汽车司机，没有驾驶执照是不能上路的，即使有驾照，一旦违章被警察扣了驾照，也只好乖乖待着，有车也不敢开。于是，我就万分纳闷，做父母几乎是人世间第一艰难而复杂的职业，为什么就不需要任何执照呢？怪不得许多孩子有问题，原因之一就是父母"无照经营"的结果。呼吁父母持证上岗，眼下似乎是个浪漫的想法，但我敢预言，这迟早会成为一项法律的规定。我在全国各地巡回讲演的过程中，在上千万的父母听众那里，看到了太多太多伤心的泪水和绝望的眼神。于是，我开始久久地思考，可否将包罗万象的家教内容，简要地概括为一种便于掌握的基本方法。

34年从事儿童教育和研究的经历，尤其是做了24年父亲之后，我发现，仅靠某一种具体方法的教育可能会失败，因为孩子是千差万别的，没有哪一种方法可以适合所有孩子的教育。再说，思想的不同决定了同一方法的效果不同，这表明任何方法都离不开观念的指导。因此，家庭教育的成功需要一套综合的方法,即将理念、方法、心理、生活方式和亲子关系融为一体,而又简明扼要通俗易懂。经过多年积累并与诸多专家学者反复探讨,我终于总结出了五元家教法。毫无疑问,要提高孩子的素质,首先要提高父母的素质,这种前素质教育是教子成功的关键。

一般来说,父母的教育素质,包括教育观念、教育方式和教育能力三大要素,具体可以归纳为五个元素,即现代的教育理念、科学的教育方法、健康的心理、良好的生活方式、平等和谐的亲子关系,将这五大元素融会贯通即为五元家教法。

我为什么要将五元家教法设计成五本书呢?因为教育是复杂的,五元家教法中的每一个元素都包含了丰富的内容,值得父母们去深入探讨。今日中国的经济和教育都在高速发展,但在以升学考试为中心的应试教育高压之下,许多地方的学校教育和家庭教育都出现了高度扭曲。譬如,相当多的中小学生父母经常对孩子说:"只要你把学习搞好了,别的什么都不用你管。"这句话非常值得警惕和令人深思,因为它反映出一个明知错误而为之的国民共识。从本质上来说,中国出现了"教育荒废"的严重现象,也就是说,学生的学习负担虽然越来越重,但真正的教育被荒废了,因为教育的核心不是传授知识而是培养健康人格。在这样的背景下,推广应用五元家教法的意义是现实而重大的。

经过 10 个月的艰苦奋斗，这套名为《忠告天下父母》的丛书终于摆在了读者朋友的面前。我感到欣慰，因为这的确是一套追求真心、真情、真理的家庭教育专著。在这里，我首先要感谢我所在的中国青少年研究中心，因为五元家教法正是在这里长期研究的收获。我要感谢浙江少年儿童出版社的鼎力支持，感谢责任编辑袁丽娟的慧眼慧心，感谢与我密切合作的同事王珑玲、方奕、弓立新、孙宏艳和张纯颖。同时我相信，任何一本书的价值都是由作者和读者共同完成的。广大父母朋友的成功实践和青少年一代的健康成长将是本书价值的最好证明。

为了方便与读者朋友联系，我留下有关联系方式：通讯地址：北京市西三环北路 25 号中国青少年研究中心，邮编 100089；孙云晓网站 (www.sunyunxiao.youth.cn) 可留言，也可以参加每月一次的网上聊天；孙云晓的博客 (blog.sina.com.cn/m/sunyunxiao) 可互动留言；孙云晓的网易邮箱 (e-mail:9999syx@163.com) 可收发邮件。

谢谢读者朋友！

2007 年 1 月于北京

本书送给天下父母的十个忠告

忠告1：

对孩子不能以分数优劣论英雄。分数是重要的,比分数更重要的是学习,比学习更重要的是人格。

忠告2：

父母既要敢于对孩子说"不",也要勇于向孩子说"对不起"。别让孩子畏惧父母,别让心灵暴力伤着孩子。

忠告3：

在独生子女家庭里,由于没有兄弟姐妹的存在,父母责无旁贷的应成为孩子的亲密伙伴。由于血缘的亲近和抚养的特点,至少在孩子10岁之前,父母对于独生子女来说不仅是伙伴,甚至是第一伙伴。

忠告4：

谁家有个青春期的孩子,就等于谁家有颗定时炸弹。这颗炸弹随时随地都可能爆炸,但也可能永远不炸而且能量巨大,这一切取决于教育的科学性和艺术性。

忠告 5:

在孩子的成长过程中,实际上也是父亲、母亲成长的过程。学会相互尊重,学会取长补短,共同成长的家庭才是理想的家庭。

忠告 6:

好的关系胜过许多教育。好的关系不是溺爱而是尊重,不是依赖而是信赖,不是包办一切而是独立合作。

忠告 7:

孩子的潜能是千差万别的,成功的道路是各种各样的。父母要学会发现孩子自身的独特优势,尽量做到因材施教。所谓天才就是选择了适合自己的成长之路。

忠告 8:

在孩子心里,父爱与母爱同样重要,就像天和地一样不可缺少。在家庭教育中,父爱与母爱如同列车的两条轨道一样是相辅相成的,失去任何一条轨道都意味着灾难的来临。

忠告 9:

对孩子要表扬多于批评,因为人是靠优点活着的。父母要千方百计地让孩子相信自己是好人,是个聪明的人,是个充满希望的人。

忠告 10:

秘密是成长的营养品,拥有个人秘密并能恰当处置是走向独立的要素。没有秘密的孩子长不大。

目　录

有了好的关系，才有好的教育

在今天这个时代，绝大多数孩子没有兄弟姐妹，他们感情上有强烈的需求。父母对他们来说，既是长辈又是同辈。所以，孩子和父母之间，既是亲子关系，又是伙伴关系。

成长是一个走向独立的过程。独立不是一个空泛的概念，家长教育孩子时特别要注意细节：像链条一样，每一个环节都是不可缺少的；任何一个阶段都是下一个阶段的基础。

一个孩子的成长，整个过程需要父母的呵护、帮助，但实际上这个过程也是父亲、母亲成长的过程。学会相互尊重，学会取长补短，共同成长的家庭才是理想的家庭。

父母对孩子有了欣赏，才谈得上尊重，才会建立好的关系。

没有尊重的爱不是真正的爱

信任是教育的一个准则

没有秘密的孩子长不大

父母对孩子的监护权不意味着剥夺未成年人的隐私权。否则不仅违法,还会加重孩子的逆反心理,加剧父母和孩子之间的矛盾,使孩子失去对父母的尊重。

父母偷看日记、偷听电话这些行为,其实都是对孩子正面关心不够、缺乏信任的表现,容易造成孩子对父母的不满情绪,产生新的沟通障碍。这实质上意味着家庭教育的失败。

独立是现代人的基本特征,而拥有个人秘密并能恰当处置是走向独立的要素。对个人来说,秘密往往与责任紧密相连,并且意味着要独立承担责任。

隐私具有一定的相对性,隐私可以转化。父母要争取让孩子信任自己,使孩子主动、自愿地披露心中隐私。

怎么表扬孩子最管用

表扬孩子可以体现父母对孩子的信任、理解、尊重、欣赏。如果孩子为取得成功所作的努力得不到他人的赞许,那么他就很有可能不再努力。

如何看待孩子的考试和分数

育艺术,更重要的是对儿童人格的尊重,是对他们自尊心的保护。

人类发展有它自身的规律,凡事要顺其自然。人是有差异性的,孩子是千差万别的。家庭教育中,父母最重要的责任是让孩子懂得做人的道理,使他们有平常的心境。

分析孩子的学习水平、智力因素、非智力因素、学习方法,通过这样的分析,找准了孩子学习中的问题和原因,也就有了解决的办法。

在孩子面前,父母的态度很重要

良好的家庭环境,可以让一个孩子拥有健全的人生。良好的家庭环境,首先要重视家庭教育,尤其是父母以身作则的正面行为,更可以给孩子一个良好的示范。

父母的"过度保护"恰恰忽视了孩子健康人格的培养,也扼杀了孩子创造的灵性,降低了孩子自主发展的能力。父母有时要适当示弱,甚至"少一只手",因为父母"少一只手",孩子的手才会动起来。

青春期教育宜柔不宜刚

只有放手让孩子自己去实践，并让孩子自己负责，自己体验过失的后果，才能培养出孩子的责任心。最有说服力的教育不是说教而是体验。

与孩子沟通的几种有效方式

有了好的关系，才有好的教育

　　在家庭中，情感质量往往具有决定性的作用。亲子关系的好坏可能直接关系到家庭教育的成败。诚如绘画大师毕加索所说："在和谐中一切都是可能的。"全部的问题在于什么是好的关系。

　　好的亲子关系不是溺爱而是尊重，不是依赖而是信赖，不是包办一切而是独立合作。

　　父母与孩子之间好的代际关系，是一种平等和谐的亲子关系，是一种真善美的关系，是让人发自内心喜爱的关系，是促使两代人相互学习共同成长的关系。因此，好的关系本身就是好的教育。

多陪孩子做他们喜欢的事情

　　在今天这个时代,绝大多数孩子没有兄弟姐妹,他们感情上有强烈的需求。父母对他们来说,既是长辈又是同辈。所以,孩子和父母之间,既是亲子关系,又是伙伴关系。

　　父母和孩子的关系,从我们国家目前来看,与以往任何年代相比,都有很大不同。在过去比较传统的家庭里,父母与孩子之间绝对是命令与服从的关系。今天,有的家庭可能延续了过去的传统模式,有的家庭则是比较民主的模式,还有一部分家庭是二者都有一些。在如此多元的家庭模式下,如何建立良好的亲子关系?

　　今天的父母依然还承担着传统父母的角色和职责。但是,除此之外,父母还担当了孩子的兄弟姐妹的角色,特别是在独生子女的家庭,这是别无选择的。

　　在我们小的时候,孩子们都很清楚:父母就是父母,有大事找父母。但孩子很小就知道:父母很忙,我的很多问题要靠兄弟姐妹和伙伴帮助解决。过去有句话:长兄如父,说的就是这么个道理。

　　但是,现在我们有很多父母不能理解这一点,他们在想:孩子怎么老缠着我?特别是在有关学习的问题上,有的父母会说:学习是你自己的事,应该你自己写作业。但父母忽略了一个问题:独生子女时代,孩子没有兄弟姐妹,感情上有强烈的需求。

父母对他们来说,既是长辈又是同辈。所以,孩子和父母之间,既是亲子关系,又是伙伴关系。

亲子关系好理解,那么伙伴关系怎么理解呢?可能有很多父母接受不了或是适应不了这样的关系。

伙伴关系体现在各个方面,包括学习。在我们小的时候,有学习小组,几个小伙伴在一起写作业,进行讨论,对大家的学习帮助是很大的。现在的大部分孩子没有这种机会,他只能找父母。所以,面对孩子的需求,父母要考虑其合理性。当然这不是说父母一定要陪着孩子,而是要理解和解决孩子的情感需求,让孩子知道:我是有人关心的,当我学习累了后是能得到安慰的,这样孩子才会心安。

台湾有位黄启珩女士,谈到教育子女的经验时,她最大的体会是要多陪孩子做孩子喜欢的事情。她这样说:

我所做的只是尊重孩子的个性发展,并注意多陪孩子做他们喜欢的事情。

有这样两件小事,我至今都记得。

一件事是,女儿小的时候,很喜欢天文,对星座特别感兴趣,常常半夜邀请我陪她出去看星星。也许很多父母会很自然地反应说,这么晚了还不睡觉,看什么星星!如果父母这么一泼冷水,孩子的兴趣可能就被浇灭了,孩子的才气也可能从此就被扼杀了。所以,不管当时我有多困多累,我都一定会亲自陪女儿出去注视着星空指指点点,和女儿谈一些日常琐事和人生哲理。直到今日,女儿偶尔回想起这件事,还会撒娇地让我陪她去看星星。女儿后来成为高能物理学博士,或许就是从看星星的兴趣中培养出来的吧!

另一件事，是关于我儿子的。我儿子到美国念地球物理学后，我还是经常想办法做一些孩子喜欢的事情。虽然我们不在一起，但我仍然想方设法让儿子感觉到我的支持。每当我发现报纸杂志上面有与地球物理相关的报道时，我便剪下来，传真或者寄给孩子。儿子很感动，他把这些资料都贴在寝室四周的墙壁上，同学们问资料是从哪里来的，儿子总是骄傲地告诉同学们是妈妈提供的。

另外，陪孩子一起做一些事情还有一个好处，就是可以使父母的教育很自然，不强行灌输。孩子大一些以后，我常常陪孩子去看电影。其实，家里也有电视和光盘，但我觉得还是看电影给孩子的印象更深刻。在看电影时，如果遇到和"性"有关的问题，或者电影中的男女正在做"那种事情"，我从不避讳，而是趁机给孩子讲一些性教育问题。我觉得这样的教育比较容易让孩子接受。

确实，孩子需要父母的关注。有个小孩特别有意思，他会对他妈妈说："妈妈，我们好像很见外了！"妈妈心里十分疑惑：什么意思？他怎么会有这样的想法？于是她问孩子："你的话我不太理解。你能说得具体些吗？"儿子说："你不觉得吗，我们现在交流越来越少了。我和你在一起的时间还比不上我和同学在一起的时间多，你和同事在一起的时间超过了我和你在一起的时间。每天晚上，我做作业，你看书。作业完成，也到了我睡觉的时间。你说我们是不是很少沟通，有点见外了？"妈妈觉得儿子说得有道理，就问："你说得有一定道理。那你认为该如何改变这种状况呢？谈谈你的高见!"儿子说:"我认为,你布置的额外作业量要减少一部分,给我一点自由支配的时间。这个时间,我们可以聊聊天,或许我们可以去散步,我也可以跳跳绳,反正可以做做我喜欢的事情。这样劳逸结合,既有助于我学习,也能增进我们母子的感情。我认为大家的交流是很重要的,没有了交流,我觉得很孤独的!"

某杂志曾经登载过这样一个故事:

父亲下班回家已经很晚了,这一天他感到很累并且有点烦。他发现 5 岁的儿子正靠在门旁等他。儿子说:"爸爸,我可以问一个问题吗?"

"什么问题?""爸,你一小时可以赚多少钱?""这与你无关。你为什么问这个问题?"父亲生气地问。

"我只是想知道,请告诉我,你一小时赚多少钱?"小孩哀求。"假如你一定要知道的话,我一小时赚 20 美金。"

"哦,"小孩低下了头,接着又说,"爸爸,你可以借给我 10 个美金吗?"父亲发怒了:"如果你只是要借钱去买毫无意义的玩具的话,给我回你的房间并上床,好好想想为什么你会那么自私。我每天长时间辛苦工作着,没时间和你玩小孩子的游戏。"

小孩安静地回到了自己的房间并关上了门。

父亲坐下来还在生气。后来,他平静下来了,开始想他可能对孩子太凶了——或许孩子真的很想买什么东西,再说他平时很少要过钱。

父亲走进小孩的房间:"你睡了吗,孩子?""爸,还没,我还醒着。"孩子回答。

"我刚刚可能对你太凶了，"父亲说，"我将今天的气都爆发出来了——这是你要的 10 美金。""爸，谢谢你。"小孩欢叫着从枕头底下拿出一些被弄皱的钞票，慢慢地数着。

　　"你已经有钱了还向我要?"父亲生气地问。

　　"因为这之前不够，但我现在足够了。"小孩回答。"爸，我现在有 20 美金了。我可以向你买一个小时的时间吗? 明天请早一点回家——我想和你一起吃晚餐。"

　　从以上两个事例可以看出，孩子对父母有着强烈的依恋和期盼。所以父母和孩子沟通与交流的确十分重要，每天利用一些时间与孩子聊聊学校里发生的事，无论是快乐的还是不愉快的事都应该说说。父母也可以发表不同的观点，并让孩子来发表意见，看看谁的观点更合情合理。这样时间久了，日后孩子遇到问题就会比较坦然地与大人沟通。

对孩子不能只讲概念，不讲细节

　　成长是一个走向独立的过程。独立不是一个空泛的概念，家长教育孩子时特别要注意细节:像链条一样，每一个环节都是不可缺少的;任何一个阶段都是下一个阶段的基础。

　　父母是不是还要注意不要对孩子矫枉过正? 有的孩子知道自己在不同的年龄应该做什么，知道自己在长大，但有的孩子可能因为缺乏伙伴，父母又没有处理好亲子关系,使得孩子在很大了以后还对父母有所依赖。你是怎样看待这种现象的呢?

这就是为什么出现了"袋鼠一族"的原因。"袋鼠族"这个说法最早来自法国,比喻到了就业年龄,却仍然依赖父母生活的年轻人。这个比喻很形象,父母像年老的"袋鼠",儿女生活在父母的呵护中。

我在澳洲见到过袋鼠,袋鼠妈妈胸前有个育儿袋,袋鼠小的时候总待在那里面,那肯定是个很安全、很温暖的地方。但我发现有的袋鼠挺大的了,还习惯性地往里拱。母袋鼠就躲闪,最后,那么大的袋鼠还是拱进去了。我想这和人的成长是一个道理:人对自己熟悉的地方,亲自体会过的温暖、安全的地方都有种出自本能的依恋。但问题是该独立的时候不独立,就会出现30岁的"儿童"。有些人到了20多岁该工作了不工作,不是没有能力工作,只是不想工作。于是住父母的家,吃父母的饭。这就是一种教育的失败。

成长是一个走向独立的过程。独立不是空泛的概念,是个阶段性的概念,像链条一样,每一个环节都是不可缺少的,任何一个阶段都是下一个阶段的基础。我们有的孩子不能独立,是因为欠课太多,在该做某些事情的年龄没有去做这些事,越是不做,越没有这方面的经验,也没有相应的习惯。父母应该特别注意,在不同的阶段,让孩子完成不同的任务。

有时父母时间紧张,看孩子做得不好,顺手就代替孩子把事情做了。也说不上是溺爱,就是着急,总怕孩子事情完不成或做不好。

对,这种情况很多。这样的父母忘了一点:孩子的一切都是成长,父母的一切都是教育。任何孩子在最初做事情的时候,都是笨手笨脚的。我们小的时候也同样。恰是在这个时候,父母的责任应该显示出来。比如孩子刷碗刷得不干净,父母可以先给孩子做示范;比如孩子衣服洗得不干净,父母应该说你真爱劳动,而不是说你洗得真干净。这就是艺术。所以我说教育是"三分教,七分等"。成长是需要时间和过程的。

> 对,我也发现了这点。有时我和孩子说话,让她做某件事,她答应得特别好,但是一会儿的工夫,她不是忘了,就是做错了。我很奇怪:我说话你怎么不听清呢?后来我发现我说话的时候她在想别的事,吸引她注意力的东西太多了。

第一,孩子的注意力随时会转移。有时一件小小的事情,就把他的注意力吸引过去了。其实这是孩子的可爱之处,他们为什么有想象力?因为他们特别敏感。有时你给他提了要求,他答应:啊,知道了。但那是种习惯性的答应。他并不是在对父母敷衍,当时他确实在想别的事情。

第二,孩子认真听了,没想别的,但他听不懂。孩子有时听不懂大人的话。但这个听不懂不是他不明白,而是儿童有儿童的理解,你说的意思他不理解,他理解成别的意思了。

北京市特级教师孙蒲远曾经和我讲过这样的事。她对学生说:"你等着吧,看我哪天去找你爸爸!"学生说:"真的啊,老师,哪天来呀?"老师的语气本来是对孩子的一种威慑和警告,是要找孩子的爸爸告状,可小孩子不这么理解,他想的是:"老师喜欢我,要来我家了"。

还有个小孩爱啃铅笔,孙老师有点生气,说:"你是不是属老鼠的？"孩子很认真地说："老师我不是属老鼠的,我是属狗的。"所以大人对孩子说话要直接易懂,而且我建议有时要和孩子确认,问问孩子:我说的你明白了吗?你说说我的意思是什么?这是很重要的。

也就是说父母对孩子不要说气话,父母可能是表达某种情绪,而孩子认为你在陈述某种事实。有个做爷爷的讲过这样的故事:一天中午,别的孩子都放学回家了,唯独不见上二年级的孙子出来。怎么回事呢?他爸爸到学校去找,原来他正在老师办公室接受班主任的批评呢!经过了解,事情是这样的:他的一个同学不断地偷拿他的铅笔,他回家就跟他妈妈说了此事。他妈妈顺嘴说了一句:"再拿,你就打他!"果然,这天这个学生又偷拿他的铅笔时,他就把那个同学打了。老师批评他,他就说:"是我妈妈叫我打他的。"

老师听完这话,非常生气:"你父母哪能这样教育孩子呀!去把你妈妈叫来,我要好好跟她谈谈。"

其实,他妈妈说这话,也不是真的就让他去打人。小孩子应变能力差,往往就把父母的话当成了金口玉言,父母怎么说,他就怎么做。所以,教育孩子一定要慎重再慎重,不该说的话一定不要随口乱说。

发生在这个小孙子身上的另一件事是:一天吃中饭时,餐厅里缺一把椅子,他妈妈叫他到客厅搬一把来。他很快就搬来了,问他妈妈:"放哪里?"他妈妈心想:"这事还不知道,还要问!"就没好气地说了句:"放阳台。"小孙子就把椅子搬到阳台上去了,看得大家哄堂大笑。

父母说的是气话，孩子听不出来，就照着去做。

这样的事情，相信很多家庭都出现过。它提醒我们：父母对孩子说话一定要慎重。

所以父母要学会和孩子说话。教育要特别注意细节。我前两天看到了一张照片，北京某学校开学那天，老师和学生相互鞠躬。我一看，老师鞠躬很标准，而很多学生腰是直直的。后来我就想，我们常对孩子讲，你要有礼貌啊，但什么是有礼貌？我们教得很少。

还是举孙蒲远老师的例子。她班里有个学生在上副课的时候跟老师捣乱，老师很生气。下课后同学们都谴责他，这个孩子坐不住了，就找到孙老师，说要去给那个副课老师道歉。孙老师说："好啊，知错就改是好孩子。那你准备怎么道歉呢？给我演示一遍。"那个孩子把头一点说："老师，我错了，我向你道歉。"孙老师说："你这是点头，不是鞠躬啊。"然后孙老师说："我给你示范一下。"孙老师站直了，两手垂直，中指贴着裤缝，深深鞠了个90度的躬，同时说："老师我错了，我来向您道歉。"她告诉学生：这才叫鞠躬。学生练了好几遍，去找那个老师道歉。老师一看很感动，就接受了孩子的道歉。

这个故事告诉我们，对孩子不能只讲概念，要讲细节，讲具体的做法。

所以说，好的关系不是溺爱而是尊重，不是依赖而是信赖，不是包办一切而是独立合作。也就是说，**好的亲子关系是一种真善美的关系，是让人发自内心喜爱的关系，是促使两代人相互学习共同成长的关系。因此，好的关系本身就是好的教育，它胜过许多僵硬的教条的教育。**当今社会进步迅速，而社会进步越大,代际冲突往往越剧烈,好的亲子关系越发珍贵。

您自己在处理和女儿的关系方面有什么好的做法吗?

坦率地说,我之所以坚信好的关系胜过许多教育,首先不是因为有什么深奥的理论依据,而是出自个人深切的生活体验。回想20多年的家庭教育,我有一个重要的发现:什么时候与孩子的关系好,什么时候的教育就容易成功;什么时候与孩子的关系糟,什么时候的教育就容易失败。当我把这一发现用于更广阔的生活中时,得到了普遍的证实。于是可以说,**好的关系胜过许多教育是一个客观规律。**

以女儿考大学为例吧。众所周知,在孩子的成长过程中,高考是压力最大矛盾最多的一关,亲子关系也往往最紧张。但是,我家的情况相反,高考期间,一家三口的关系达到了最亲密默契的状态,因为彼此关心并相互理解。我深知孩子的压力越大越不能好好学习,压力越大成就需要越低。所以,我尽量为女儿减压,建议她从低往上报志愿。我说:"考不上大学是正常的现象,能考上大专也不错,以后可以续本科嘛。"女儿瞪我一眼,说:"太小瞧我了,大专还能考不上吗?我考上普通本科也没问题。"我说:"那太好了!把大专和普通本科的志愿都认真填报,你就没有后顾之忧了。"

女儿见我们期望并不高,心情渐渐放松了下来。有一天,她说:"我特别想考复旦大学,去上海读大学是我的梦想!"我当即鼓励她说:"有梦想才有成功的希望。再说每个考生都可以报四批志愿,录取是根据成绩从高往低录。既然你做好了去普通本科或大专的准备,重点大学的梦不做白不做,完全可以一试!"

女儿决心已定，把复旦大学作为第一志愿报了。可是，好事多磨。第一次高考模拟成绩出来，女儿就哭了，因为她的成绩仅够普通本科往年的录取线。她妈妈给她写了一封长信，肯定她的进步，激励她要自信。我们又请一位老师帮女儿做实力分析，老师说："你很有潜力！你们区往年有的考生高考成绩比一模上升 100 分呢，你若拼搏一下，也能创造奇迹！"

为了圆女儿的复旦梦，高三寒假期间，她妈妈陪她去了一趟上海。女儿在复旦大学门口照了相，并把照相摆在书桌上，每时每刻激励自己。高考前 20 天，我对她说："墨子说得好，志不强者智不达。你既然梦想考入复旦大学，每天早晨起来，把复旦大学赠考生的三句话大喊三遍。"这三句话是："相信自己！相信自己的选择！相信自己选择了成功的人生！"女儿第一次去阳台上喊时，声音细小，毫无气势。我为她一遍遍加油，女儿声音越来越大，底气越来越足，逐步进入了精神抖擞的状态。高考时，女儿果然创造了奇迹，考试成绩整整上升了 100 分，以第一志愿被复旦大学社会学系录取。

相关链接

联合国在 20 世纪 80 年代末通过了《儿童权利公约》。1992 年 4 月 1 日，《儿童权利公约》开始在我国正式生效。依据该公约，儿童主要享有以下一些权益：

儿童享有公民应享有的各种权利和利益。儿童和成年人一样，彼此平等，具有相同的价值，在法律地位上和成年公民一样，享有一切的权利，只是有些权利如选举权、被选举权、民事权利、婚姻权利等，需要达到一定的年龄才能行使。

儿童有生命健康权。刑法规定,严惩杀害、摧残、伤害、拐卖、绑架儿童的犯罪行为,严禁家庭成员的虐待、遗弃儿童及其残害婴儿的犯罪行为。

儿童有受抚养的权利。父母是子女的法定抚养人。即使父母离婚,父母对子女的抚养权也不能免除,父母对子女的抚养要持续到子女能独立生活时为止。

儿童有受教育的权利。儿童的教育权包括父母的教育和学校的教育两个方面。父母或其他监护人必须使适龄子女或者被监护人按时入学,接受规定年限的义务教育(在我国目前就是接受从小学至初中毕业的9年义务教育)。父母违反这一规定的,应当依法承担责任。

儿童有人格尊严权。人格尊严权包括姓名权、名誉权等。学校、幼儿园的教职员不得对未成年人实施体罚、变相体罚和其他污辱人格尊严的行为;任何组织和个人不得披露未成年人的个人隐私;对未成年人的信件,任何组织或个人,不得开拆、隐匿、毁弃(因司法需要,公安、检察院依法进行检查的除外)。

儿童有参与家庭、文化和社会生活的权利。

理想的家庭是父母与孩子共同成长

一个孩子的成长,整个过程需要父母的呵护、帮助,但实际上这个过程也是父亲、母亲成长的过程。学会相互尊重,学会取长补短,共同成长的家庭才是理想的家庭。

提到关系问题,其实是家庭当中父母和孩子三个人之间的关系问题,不只是父母和孩子之间,也有父亲和母亲之间的关系问题。我们也看到有的家庭父母的教育理念不统一,产生矛盾,或是父母之中的某一方放弃了对孩子的教育,而仅由另一方负责。

实际上家庭关系是很丰富的,不只是简单的亲子关系。**家庭中最重要的关系是成长关系**。理想的家庭不是由哪一个人说了算,而是大家共同成长。一个孩子的成长,整个过程需要父母的呵护、帮助,但实际上这个过程也是父亲、母亲成长的过程。在这个过程中,肯定会发生矛盾,有时可能会出现父亲、母亲彼此之间不同意对方的教子方法的情况。这是可以讨论的,除父母之外,孩子也可以参与讨论,使得家庭成为一个理性家庭。

我们多年研究发现:民主型家庭中,孩子的成才率最高。因为孩子置身于个人意志充分表达的环境。

切忌父母之间的相互指责、相互贬损,那样会破坏和谐的关系,把优质资源变成了劣质资源。比如有的母亲很厉害,把丈夫说成了窝囊废、没出息。这是灾难性的缺乏尊重。

我想提醒父母不要忘记:你如何处理你的夫妻关系,你就

是在教育你的孩子将来怎么样做妻子或丈夫。如何处理夫妻关系是对孩子最好的性教育。有人觉得日子过不下去，非离婚不可。离婚是另一个概念。但离婚不意味着不需要互相尊重。

　　很多人都这样认为：当父母一方批评孩子时，另一方如果有不同看法也不要插嘴。即便批评错了，当着孩子的面不要产生矛盾，不让孩子产生困惑。而另外有种说法则认为，要让孩子知道，人与人之间是有矛盾的。只有让孩子理解了这些，他才会理解并且正视矛盾。如果总是回避矛盾，孩子就学不会解决矛盾的方法。这两种看法哪种更符合现在的家庭呢？

　　确实是有这样两种看法。我认为都有它的道理，要具体情况具体分析。比如当父母的一方非常认真地说出一个考虑了很久的问题，而这个问题对孩子来说是好的，另一方就不要轻易推翻或是激烈反对。确实不能在孩子面前制造不必要的混乱。孩子越小越要注意这一点，因为孩子小时，他不能接受太多的选择。越小选择的能力越低，对权威的依赖性越强。如果有意见，可以避开孩子进行探讨、修订。

　　有的时候，父母一方没有认真想过一个问题，只是临时想到随便一说，这个时候，大家可以讨论这个问题，尤其孩子年龄比较大些了更可以讨论。另一方不要断然否决，要用商量的口吻。比如可以说：你这样讲可能是出于某种考虑，但是不是欠妥呢？这种口吻和态度就比较好。要保持教育的真实性，因为不可能做到让孩子在父母意见不统一的时候都回避。

　　父母的很多判断并不都是深思熟虑的结果，有时就是临时的。

对,有时就是突发的想法和决定。这个时候父母可能会讨论或发生争执,也可以让孩子参与意见。

最好的家庭氛围是共同成长的氛围。三个人共同成长,学会相互尊重,看谁的意见最合理。一定要共同商量,形成合力。教育孩子不能只成为父母其中一方的事情。教育的有效性依赖于教育的一致性。本着孩子参与的原则,家庭做任何重大决定都要征求孩子的意见。

父母千万不要自以为是

父母对孩子有了欣赏,才谈得上尊重,才会建立好的关系。

案例

春节快到了,家里照例要进行一次大扫除。儿子已经 12 周岁了,于是我要求孩子:"妈妈是女人,爬高爬低的活儿应该是你干的了,比如擦窗、擦抽油烟机等。"儿子痛快地答应:"没问题,老师也要求我们做力所能及的事情,还要麻烦妈妈帮我填我做了哪些家务活的调查表呢,我怎么敢弄虚作假呀?"

上午,儿子帮我把所有的窗帘都取下来,我洗干净了,他又帮我拿到露台晾晒。其他时间,儿子不是看电视就是看漫画和作文选,只在中午擦干净了抽油烟机。他戴了橡胶手套,在抽油烟机上洒了很多的清洁剂,擦去厚厚的油垢后,再用干净的抹布擦去清洁剂就 OK 了。天气很冷,他也不抱怨冷,我觉得他肯帮忙已经很不错了,哪管他多用清洁剂?

下午,儿子一直没有动静,只是看动画片,看杂志。我提醒他几次,他说:"反正要到睡觉前才挂窗帘,我完成任务就行了。我说话算数的。"我只好住嘴。

吃饭了,孩子还没有动静。我洗碗的时候,刚想说他,他立刻堵住我的嘴:"你去散步回来,保证你验收合格! 你再急,我就造反罢工。"我也不好再逼了。

的确,他算是比较肯帮我做家务活的孩子了,平时买菜、做饭、拖地、晾衣什么的都肯帮忙。既然孩子答应了,我只好放心地去散步了。

一个小时回来后,果然,儿子真的把全屋的六个窗擦得一尘不染,正和他爸爸挂窗帘呢。

我问儿子:"白天一整天你都不擦,为什么非要到天黑才擦啊?弄得我瞎怀疑你懒惰。"

儿子边给他爸爸递钩子边说:"妈,天气这么冷,用凉水擦窗,手很难受啊。饭后我淋浴时,站在大盆的上面,用洗过澡后流下的暖水擦窗多舒服。擦到第四个窗的时候水脏了黑了,我又动员爸爸洗澡,用爸爸洗过澡的暖水又把 3 个窗擦干净了。总共 6 个窗,每个用 10 分钟,60 分钟我就擦好了。妈妈,我没耽误你挂窗帘的时间吧?看,我还叫爸爸一块儿挂窗帘呢,说妈妈今天累了!"

我摸了摸窗,儿子的确把窗擦得干干净净。我暗自庆幸:幸亏今天没有责怪孩子懒惰,没和孩子闹别扭。孩子其实是记住擦窗这件事的,孩子有自己的方式,他利用晚上洗澡用过的暖水擦窗,既完成了任务,又让自己不是很辛苦,是两全其美啊!我何苦要逼他限时限刻完成呢?

孩子渐渐长大,已经有自己的行为方式,有自己的想法,会处理一些问题了。如果父母总是按自己的思维要求他,孩子是不会接受的。只要孩子不是很出格,应该允许他有自己的想法。

——《少年儿童研究》2006年第6期　作者:张锦芸

在家庭中,父母和孩子之间是会有矛盾的,尤其是孩子越来越大,父母会觉得孩子越来越不听话。孩子小的时候可能很容易被说服,年龄越大,自己的主见越多,越容易和父母在某些问题上产生矛盾。这些矛盾如果处理不好,就可能会有摩擦,对孩子成长产生不利影响。父母怎样才能处理好和孩子之间的矛盾?

这里我要强调一个很重要的问题:父母千万不要自以为是。父母的苦恼在于:我是为你好,你怎么这么不懂事?父母忽略了非常重要的一点:孩子年龄越大,参与意识越强。《儿童权利公约》就强调:要根据儿童的成熟程度听取他的合理意见。很多父母会说:孩子容易冲动,他一定要去做的事如果是不可行的,怎么能让他去做呢?

父母说的不是没有道理,我的经验是:父母的生活经验丰富,知道做某事的后果是什么,但不要用简单的命令去制止,而是要把可能出现的后果告诉孩子,建议他不要做。但有的孩子还是坚持要去做,那么如果不是很危险,就可以让孩子去做或是有限度的同意。孩子是在体验中长大的。

教育是可以"讨价还价"的,是可以协商的。比如可以告诉孩子:你可以去做,但你要注意几点等等。这是权利和义务之间的平衡。有时父母的不明智之处在于:你别跟我说,我坚决不会同意。不要把话说得太绝对。其实孩子是肯商量的,他有时会为了达到目的作些让步。这实际上也在培养一种思维方式:什么事情都要避免绝对化,什么事情都是有余地的。要学会和别人协商,学会谈判。这是处理问题的一种理智的方式。

现在的父母要明白一个道理:时代发展很快,孩子的接受能力强,有时孩子还真比父母知道的东西多。

对,所以父母要接受这样的现实。父母对孩子有了欣赏,才谈得上尊重,才会建立好的关系。

陶行知有句名言:"谁若小瞧小孩子,他比孩子还要小。"所以我们对孩子要高看一眼,尊重孩子,尊重他们的智慧,和他们一起探索、前进,这样孩子就会感到心情舒畅,可以不受限制,把自己的聪明才智发挥出来。

另外,现在孩子的思维方式也有他们自己的特点。

在这一点上,我们成年人未必比他们更跟得上时代。

这方面我有切身体会。大人们常常抱怨孩子不懂道理,可我的观察结果恰恰相反,即孩子往往比大人讲道理,也比大人客观公平。

譬如,和许多父母一样,天冷时我们也要求女儿多穿衣服,可她常常不愿意多穿。有时候双方争执不下,女儿就去打电话听天气预报,以气温高低来决定穿多穿少。细想一下,女儿的态度是理性的,而大人的态度则是感性的,并不如孩子明智。

最让我感触深刻的是:女儿上中学之后,由于离家远,有时在外边吃饭,偶尔也乘出租车,可她并未多向家里要钱。

我有些担心:她请别人吃饭或打车的钱从哪里来呢?不能总让别人花钱吧?谁知,女儿听了我的话一乐,说:

"你怎么净瞎操心哪,我们都是 AA 制,一起吃饭、打车都是 AA 制,各花各的钱。"

我愣了一下,问:"都是同学,好意思吗?""嘁,谁像你们大人那么虚伪?没钱也装大款!我们是穷学生,没人不好意思。五人打车,一人两块,自动出钱。"

女儿的话点到大人的痛处了。试想,我们请朋友吃饭,即使手头再紧张,也不好意思实行 AA 制,只好穷大方吧。可今天的孩子轻松地抛弃了成人的一身酸气,比我们更勇敢地走入市场经济的社会。

　　　所以说,孩子有时会用他们的某些更符合社会进程的观念来影响父母。

我一向信奉这样的教育格言:**教育孩子的前提是了解孩子,了解孩子的前提是尊重孩子**。试想,有了了解的愿望和尊重的态度,还有什么矛盾不可以化解呢?在这一过程中,我发现自己在渐渐升华,即不仅要了解孩子、尊重孩子,而且还要向孩子学习,与其一起成长。

徐光在接受《少年儿童研究》杂志社采访时讲过她自己儿子的故事:儿子四年级第一学期期末考试时,考最后一科的那天早晨,徐光给了他 22 元钱,让他中午到学校附近的麦当劳餐厅解决午饭。让徐光没有想到的是,晚上儿子回家一进门,就低着头,好像惹了大祸一样,怯生生地说:"妈妈,对不起,我做了一件不应该做的事。您给我的钱让我请同学去游戏厅打游戏了。"原来,这天中午,儿子的同学有麦当劳餐券,中午请他吃麦当劳。为了回报同学,儿子就请同学去打游戏。徐光听了也有些生气,但她没有表露出来,而是很平静地对儿子说:"啊,是这样。儿子,妈妈发现你长大了,懂得交往了,而且又很诚实,妈妈怎么会责怪你呢?不过,妈妈想问问你,你去游戏厅有什么感受?"儿子说:"您从不让我去游戏厅,这是我长这么大第一次去。那里的游戏很刺激,很好玩,许多游戏咱家都没有,不过更多的感觉是恐惧。今天就有一位中学生要我们的币,我和我的同学每人给了他一个币。我们很紧张也很害怕,这就是我班同学不爱去游戏厅的原因。"徐光说:"你的感觉已经告诉你这个地方该不该你去,适不适合你去。"儿子一下子扑到妈妈的怀里说:"您太让我感动了,您太善解人意了。妈妈,我回家之前,心里好紧张,因为您从来不让我去游戏厅。我站在家门口犹豫了好一会儿:是现在回家呢,还是跟别的小朋友去玩呢?但我一想您平时对我很宽容,很大度,我决定还是回家。妈妈,您理解我、信任我,还发现我长大了,有您这样的好妈妈,我是永远不会离家出走的。"说罢,他用嘴吹起萨克斯曲子《回家》。

正因为妈妈的理解与信任,从那以后儿子常把许多做法和想法告诉妈妈。有意思的是,对儿子的追星,妈妈也不反对,还帮孩子要到了明星的签名。徐光说:"凡事未经体验就很难超越。孩子毕竟是孩子,喜欢'追星'。父母带领孩子去做他喜欢甚至是很疯狂的事情,完成他的心愿,对孩子来说,意义深远。孩子在'追星'的过程里,是充满热情与活力的,那是一种生命现象。此时父母尊重孩子的选择,就像尊重他的生命价值一般重要。不过,更为重要的是,父母有责任适时引导孩子正确分析,明白任何'星'都不可能是完美无缺的,让孩子能够'取其精华,去其糟粕'。"徐光强调说:"理解,是孩子相信父母、亲近父母最好的良方。如果我横加指责,说一大堆批评的话,他不但听不进去,反而会产生一种逆反心理,把孩子推向自己的对立面。"

如果请您总结一下什么是理想的亲子关系,您会怎么说?

好的亲子关系是孩子在父母面前不是慌乱不安的,而是感到风清月明很安适。让孩子明白:当我需要帮助时,父母会告诉我怎么做。当我做得好时,我会被肯定。**好的家庭教育用一句话概括,就是好的亲子关系。这种好的关系不是包办代替和溺爱,而是相互理解、相互信任、相互尊重、相互学习、相互帮助。**

给父母的建议

- 多陪孩子做他们喜欢做的事情。
- 教育要特别注意细节,对孩子不能只讲概念,要讲细节,讲具体的做法。
- 父母对孩子不要说气话,你可能是在表达某种情绪,而孩子认为你在陈述某种事实。
- 当父母的一方非常认真地说出一个考虑了很久的问题,而这问题对孩子来说是好的,另一方就不要轻易推翻或是激烈反对。不能在孩子面前制造不必要的混乱。孩子越小越要注意这一点。

没有尊重的爱
不是真正的爱

教育是一门博大精深的学问。从某种意义上说,教育的本质就是唤醒,是解放,是发现,是选择。

冰心老人曾说过:"有了爱就有了一切!没有爱就没有世界……但是有时候母爱并不是健康的,反而害了子女。"所谓真爱,就是把孩子当成真正的人,尊重其人格,满足其需要,引导其发展,而不求私欲之利。每一个为人父母者和教育工作者,都应该将自己对孩子本能的爱升华为纯粹的爱,科学的爱,理智的爱。

所以我们说没有尊重就没有教育,没有尊重的爱是一种伤害。当父母尊重孩子的权利,并引导孩子珍惜自己的权利时,真正有益的教育才开始。

教育孩子的前提是尊重孩子宽容孩子

儿童期是犯错误最多的时期，与成年人的犯错不同，孩子们大多不会明知故犯。也许，孩子出于好奇或无知，也许，孩子不能像成年人一样控制自己的行为，这时需要父母从心底里宽宥孩子的过错。

孙老师您好，今天我们谈的这个话题是尊重。父母都爱自己的孩子，但爱不等同尊重，很多父母没有意识到这个"不等同"。您对此有什么看法？

2005年9月，我们中国青少年研究中心在调研中发现，全国中小学生对父母最不满意的一条是说话不算话。他们最希望父母做的是什么？第一条就是：信任我们。信任中最重要的是两个字：尊重。成年人一定要尊重孩子，老师一定要尊重学生，当然学生也要尊重老师和父母。我们现在很多的父母包括老师，都有一个误区，他们常常意识不到孩子的变化，常对孩子提出很多不合理的要求，或者是不合理的干涉。

父母的理由是什么呢？我是为你好，我做的一切还不都是为你好吗？搁大街上谁管你？可是做父母的不要忘了尊重孩子，**没有尊重的爱是很伤害人的**。教育孩子的前提是了解孩子，了解孩子的前提是尊重孩子。尊重是教育的基石，尊重孩子才能达到良好的教育效果。

尊重的具体内容有哪些呢？

首先对孩子要宽容。孩子涉世未深,难免会犯错,许多时候孩子犯错并非是有意的。儿童期是犯错误最多的时期,与成年人的犯错不同,孩子们大多不会明知故犯。也许,孩子出于好奇或无知,也许,孩子不能像成年人一样控制自己的行为,这时需要父母从心底里宽宥孩子的过错。此外,孩子常常容易夸张或放大自己的问题,以为自己犯了错,父母再也不会喜欢自己了。这时父母再不宽宥孩子,他可能会感到绝望。另外,如果因为孩子一些无意的过错而训斥、处罚孩子,就不利于感化和教育孩子,成年人也会因此失去孩子的信任。

有一件事我至今难忘。

女儿上初三年级的一个星期六,提出要去庆贺同学的生日,并在人家那里吃晚饭。说心里话,我不愿意女儿晚上出去,可又体谅她对友情的珍惜,并且已答应了人家,一旦爽约是挺难为情的。所以,我装作平静的样子同意了。我问女儿几点能回家,她答应晚上8点之前。当时,我家刚迁入新址,我不放心女儿夜归,与她约定晚8点在地铁车站等她。

那是一个寒冷的冬夜。我准时赶到地铁车站,等候女儿归来。不料,等了一个小时,也不见她的身影。我又担心又气愤:言而无信,今后再也不能信她了!我伸长了脖子,冻僵了身子,心里却火烧火燎。她如果这时出现,依我之烈性,有可能一脚将其踹出去几丈远。

又过了20分钟,女儿终于出现了。隔着好远,可以听见她急促的喘息声。显然,她是跑着冲出地铁口的。

在那几秒钟之内,我猛然醒悟过来,使劲儿克制住自己的情绪。我平静地问:"回来了?""对不起老爸,我回来晚了。"

女儿一脸愧色,一边走一边解释。原来,那位同学家又远又不靠车站,而女儿去时迟了,人家不让早走,加上回来时又找不着车站,又等车又倒车,折腾下来就害苦了我这个老爸。

我宽容地笑了,说:"没关系,谁都可能碰上特殊情况,你回来就行了。"我又与女儿分析,学生过生日,选在中午比晚上好,否则让多少人着急呀!而且大黑夜里东奔西走,也不安全,岂不扫兴?女儿听了连连点头,还夸我很理解人。父女俩的感情一下贴近了许多。

这件事给了我一些启示。孩子做事不妥当或犯了错误,常常与他的生活经验不足有关,或者说与其社会化程度低有关。对于孩子做事的这种特点,成年人务必给予理解,做出合乎情理的分析,而不宜夸大问题的严重性,更不应曲解孩子的动机。

同时,孩子犯错误之后,往往有后悔自责之意,此时是接受教育的黄金时刻,父母如果以宽容之心加和颜悦色,向其剖析事情原委及是非曲直,孩子就会字字入心、声声入耳,收获教益,成为进步的一个推动力。相反,如果家长不问青红皂白,猛批猛打,不许辩解,孩子就可能因恐惧而撒谎、而抗拒、而出走等等,使问题复杂化,甚至演化为一场悲剧。

爱和尊重不能混为一体

在有些家庭中,孩子被看做父母的私有财产,似乎可以任由父母支配。父母可能认为孩子太小、无所谓自尊心,这样的想法是不文明的,这样的做法是不人道的。

　　我也实在没有受过什么家庭教育,也不知道中国有没有家庭教育,至于身受的,简单得很,就是母亲的一根鸡毛帚。我从小就很孤僻,不爱和人来往,在热闹场中过不惯。这是鸡毛帚教育的结果。

　　鸡毛帚教育的另一结果,是我无论对于什么人都缺乏热情,也缺乏对于热情的感受力。早年,我对人生抱着强烈的悲观态度,感到人与人之间,都是冷酷的,连母亲对于儿子也只有一根鸡毛帚,何况别人。许多朋友,起初都对我很好,大概因为我没有同等的友谊回答,终于疏远了。许多朋友,在一块儿的时候,未尝不如兄如弟,甚至超过兄弟的感情,但分手之后,就几乎把他们忘掉了。不但对于朋友,对于事业也是这样。对人生既抱悲观态度,对事业当然就缺乏坚信与毅力,也就是缺乏一种热情。我不知道小时候的遭遇为什么给人的影响这么大,许多年来,曾作过种种的努力,想把自己的缺点改过来,无奈"少成若天性",一直到现在,还是不能完全消除。

　　此外,鸡毛帚教育的结果,是我的怯懦,畏缩,自我否定。从小我就觉得人生天地之间,自己不过是一个罪犯,随时都会有惩戒落在头上。

　　喜欢打孩子的,绝不仅我的母亲一个。我之所以想起写这篇文章,也就是因为隔壁有一个常常打孩子的母亲。在街上走的时候,类似母亲的人物,拿起一根鸡毛帚什么的,打着正鬼哭狼嚎的孩子的事也常碰到。我有一个牢不可破的偏见:无论为了什么,打孩子,总是不应该的,而错误总是在大人一边。

我不是教育家,也不是心理学家,不知道所谓家庭教育究竟应该是些什么;我只相信,无论是什么,绝不能是打。家庭教育给人的身心影响究竟有多么大,我也不知道;但我相信:打给予孩子的影响,绝不会是好的。

也许有人说,母亲应该管教孩子。天下往往有溺爱不明的母亲,对于孩子百般骄纵,使得孩子从小就无所不为。那样的母亲是值得反对的。不错。不过这里应该注意的是,这种母亲之应该反对,是在她对于儿女没有教,而不在于没有打。

像这样说来,怎样做母亲,倒是个大问题;叫母亲不打孩子,不但不是探本之论,或者反而有些不近人情。好在我的文章,不会被每个母亲都看见。中国现在多数的母亲,恐怕也没有看文章的能力,习惯,乃至自由,反正不会有大影响。我的本意也不过在向有志于做母亲者以及有志于劝人做母亲者说说,使一两个小朋友或可因此而少挨一两次打而已。怎样做母亲呢?让别人去讲大道理吧,我却只有两个字:不打。

——聂绀弩《怎样做母亲》

聂绀弩先生的《怎样做母亲》这篇文章很多人都读过,其实不只是聂绀弩那个时代有父母对孩子体罚的现象。现在留心一下，还会看到类似场景。说起来这可以算得上对孩子最大的不尊重了。

孩子作为独立的个体，具有被尊重的权利。拳脚相加是一种不道德不文明的行为。

要知道，父母可以惩罚、批评孩子，并不意味着可以不尊重孩子。我们可以找到足够多的办法让孩子更好地接受道理，改正错误，所以我们要放弃、要改变打孩子的陋习。打孩子既是违法的，也是不明智的，而且有可能使问题恶化。这世界上几乎没有一个孩子是被打好的，何况打孩子还可能把亲子关系打糟了，关系糟了就教育不好了。

我看过这样的报道：2005 年 10 月 22 日夜里，北京怀柔区的阮福岩将亲生儿子小合活活打死。夫妻离异，儿子上小学后开始拿同学的铅笔，这些都让阮福岩无法容忍。更让他受不了的是，任凭他怎么反复暴打，儿子竟然一声不响，从不求饶。其实，倔强是孩子有出息的表现，或许，他心里正激励自己像英雄一样宁死不屈呢。对这样的孩子，父母应以柔克刚才对。阮说，儿子保证过改正错误，说下次不会再犯了，可他又犯了。事实上，小孩子的愿望表达是很真诚的，可是又管不住自己，这不等于撒谎。再说，小孩子拿别人的东西固然不好，却与偷是两个概念。可以说，无知正是这位父亲的真正悲剧。

还有个例子：有位父亲发现家里的望远镜坏了，他理所当然地认为是自己的儿子干的，但儿子否认了。父亲很生气，觉得孩子做了坏事不承认还撒谎，上去就是一顿拳脚，打得孩子被迫承认了。这位父亲还想：虽然出手有点重，为了孩子今后的成长，还是值得的。结果半个月后，亲戚家的孩子来玩，父亲无意中发现望远镜是那个孩子弄坏的。父亲给自己抽泣得说不出话来的孩子道了歉，深刻地反省了自己主观、武断所造成的错误，也得到了孩子的原谅。但父亲也清楚，这件事情给孩子幼小的心灵造成的创伤，恐怕在短时间内是很难抚平的。所以这个父亲得出个结论：当遇到问题时，父母最好能够冷静一点，耐心一点，听听孩子的解释，让孩子把话说完。同时，父母还要再仔细一点，和孩子分析一下原因。父母，更应该成为孩子无话不谈的朋友。只有在尊重孩子人格的前提下，以诚信为本，相互理解，相互信任，孩子才会健康茁壮地成长。

这两个例子有点极端，但类似的事情在许多家庭中是存在的。许多父母每当以教育的名义对待孩子时，就忘记了更重要的是尊重。

当孩子犯错误的时候也要尊重孩子。

有一次，作家金波看到小区的保安在狠狠地教训一个六岁的小男孩，小男孩的父母在旁边毕恭毕敬地赔罪。金先生疑惑不解，上前询问后才得知：原来，小男孩把小区的所有作为装饰的地灯全部都破坏掉了。小男孩的行为确实不对，如果换了一般人，最常见的做法就是跟着附和两句，批评男孩的破坏公物行为，也就罢了。但是，金波先生不，他说："一个六岁的小男孩，淘气顽劣了点，但是，他绝对不会像我们成人想象的那样，会去有意识地破坏公物，一定有什么原因的。"后来，金波先生私下里问那个小男孩："你看，地灯给我们照明，又装扮了我们这个小区,给我们提供了这么多方便和美丽,你为什么去破坏它啊?"小男孩眨着亮晶晶的眼睛说:"金爷爷,我是很喜欢地灯,我没有想去破坏它,我只是不明白,为什么地里也能长出灯来?我敲碎它,只是想看看,它跟路灯有什么不同?"

一席话,让金波先生证实了自己最初的想法,同时也使他感慨万千,多么朴素的孩子!多么天真的儿童心理!而我们这些成人,又是以怎样的心理来看待他的呢?那些所谓的"破坏公物"的罪名,是我们这些成人强加到孩子身上的,孩子的出发点是多么单纯呀!

孩子不是蓄意破坏,他不是个坏孩子。他只是方法不好,而探索精神是好的。应该给孩子讲道理而不是单纯地去批评他。应该小心翼翼地把孩子合理的部分挑出来,给予尊重,同时要告诉他应承担的责任。

陶行知一个朋友的太太,因为孩子把她一只新买的金表拆坏了,在大怒之下,把孩子结结实实地打了一顿。她对陶行知说:"我的孩子把金表拆坏了,我给了他一顿打。"陶行知对她说:"恐怕中国的爱迪生被你枪毙掉了。"仔细一谈,她才恍然大悟,认识到她孩子的拆表原是有出息的举动。她就向陶行知请教补救的办法。

陶行知说:"你可以把孩子和金表一起送到钟表铺,请钟表师傅修理。他要多少钱,你就给多少钱,但附带的条件是要你的孩子在旁边看他如何修理。这样,修表铺成了课堂,修表匠成了先生,令郎成了速成学生,修理费成了学费,你孩子的好奇心可以满足了。"

这就是当孩子犯错误的时候,父母应该想到的办法。

有时，父母可能会把爱和尊重混为一体。我看过这样一个故事：美国一位儿童父母双亡，幸被一富豪资助，从此衣食无忧并顺利地完成了学业。在其成长的过程中，常有媒体对其跟踪报道，富豪资助的事迹也便时常见诸报端。此人大学毕业在即，又有记者采访，问其准备怎样感谢资助人，谁料此人出语震惊四座："不，我不感谢他，贫穷是最可耻的事，他用我的贫穷换取荣誉，我们是等价交换。"

富豪在爱心资助的同时，可能缺失了尊重，所以才会有这样的结果。

在有些家庭中，孩子被看做父母的私有财产，可以任由父母支配。父母可能认为孩子太小，无所谓什么自尊心，但这对孩子却不公平。孩子也同大人一样，有他们丰富的内心世界，尤为需要得到外界的尊重和肯定，特别是父母的尊重和肯定，因为父母是孩子生活中最亲近的人，而家无论对成年人还是孩子来说，都应该是世界上最温暖的地方。

如果随便问一位父亲或母亲，你爱自己的孩子吗？答案一定都是肯定的。但如果问，你尊重你的孩子吗？得到的答案可能就不是那么肯定了。父母往往以爱的名义，行使自己的权利，而忘记孩子的权利，如同那位富豪一样。

人是有尊严的，即使是弱小的孩子，因此，父母在对孩子表达关爱的时候，要特别注意尊重孩子，没有尊重的爱是一种伤害。

忠告天下父母

尊重孩子成长的规律

所谓尊重,就是尊重孩子成长的规律,尊重孩子的各种权利,尊重孩子的个性特点。

尊重孩子不是完全顺从孩子,而是面对各种问题寻找合理的解决方法。

还有些父母,有尊重孩子的认识,但在实际生活当中,觉得做起来还是难。父母平时也知道这个尊重的道理,但往往一着急就忘了。怎么才能给父母有效的提醒,让父母知道尊重是必须的,而不是想到了才去做?

有的父母可能会认为:我挺尊重孩子的,孩子有什么要求我都会满足,或是我经常听孩子的意见。但这就是尊重吗?其实尊重是一个更深层次的概念,不只是满足孩子的要求或是听孩子说话这么简单。

所谓尊重,就是尊重孩子成长的规律,尊重孩子的各种权利,尊重孩子的个性特点。

比如我们经常会让孩子出去要对人问好,告诉孩子:"叫叔叔,叫阿姨。"孩子有时很不情愿,或者很被动地叫。看上去我们是在教孩子懂礼貌,其实细究起来,其中有对孩子的不尊重。儿童有儿童的表达方式,他可能只是对对方笑笑,点点头,就当做打招呼了。而且孩子的性格不同,有的孩子比较外向,喜欢跟别人打招呼问好;有的孩子则比较内向,不太善于用语言和别人交往。

父母都希望孩子在外边表现得很有教养,而且也确实希望孩子懂得如何与外界交往。那么对内向的孩子可以听之任之吗?

如果要带孩子外出,可以在事前告诉孩子:出去见了外人,要跟人家打招呼。这是种提醒,是种引导,至于孩子怎样表达,是他自己的选择。如果他不愿意跟人打招呼,可能是他还没有接受这种方式。这时,不能用成年人的标准要求孩子,他的年龄还小,做父母的要学会等待。可能有那么一天,孩子自己会发现:那些喜欢跟别人打招呼的孩子,会得到更多的友善和欢迎,他可能就会变得主动。父母有了这样的态度,才算得上是真正的尊重。

很多父母有时还有这样的困惑:尊重孩子是好事,但如果分寸掌握不好,孩子会不会变得不好商量,变得没规矩?

教育得失常常在分寸之间,所以要具体情况具体分析。比方说孩子在看电视,大人说:吃饭了。孩子会说:过会儿就看完了,再等会儿。有的大人就生气:赶快吃饭,什么坏习惯?该吃饭时不吃饭。当让孩子关掉电视来吃饭时,大人会想:我这是培养孩子的好习惯,严格要求孩子。可如果倒过来想:假如是你自己在那儿看一部特别喜欢的片子,正看到关键的时候,别人叫你关电视吃饭,你愿意吗?晚半小时吃饭有什么关系?我们可能都会选择看完电视,过一会再吃饭。为什么对自己就这么体谅,对孩子就不体谅呢?如果让孩子把电视看完,让他享受了完整性、满足了好奇心,这对他的兴趣发展是有益的。

当然,如果孩子天天在这个时候看电视,父母要注意调整吃饭的时间了。

有时孩子没有把握时间的能力,在看他喜欢的电视的时间段,他本应该吃饭,因为之后他还有很多事情要做。

尊重孩子不是完全顺从孩子,而是面对各种问题寻找合理的解决方法,不一概而论。

以看电视和吃饭时间相冲突来说,孩子是偶尔这样,还是经常如此?如果孩子总是做事没有规律,当然要管,要说服。但有时的情况是:孩子突然发现了一个很不容易看到的节目,特别想看,而且这次如果不看,下次就不知道什么时候才会播了。那么这时孩子暂时不想吃饭,父母就应该理解,不要刻板。孩子做的事情有价值,就有权利和理由做完。当孩子痴迷于某件事的时候,他特别专心,尊重孩子的父母就不应把他强行拉开。

家庭教育中,尊重孩子的家庭是谈判家庭和协商家庭,而不是命令家庭。

好多孩子都有这样的情况:你和他好好说话,他不听,非要大人发脾气了,大声喊了才会听,有时甚至要叫很多遍。

尊重孩子不是过杂乱无章的生活。要善于和孩子确立规则,这是尊重孩子特别好的方法。事情要商量在先,比如告诉孩子通常情况下要按时吃饭,不要让人催。告诉孩子:没有特殊情况,我们会在某个时间准时吃饭。饭做好了,一打招呼,就要坐在一起吃饭。吃饭之前把自己做的事情安排好。确认规则后,叫他不来,再批评他也来得及,因为是他违反了规则。规则有不足可以商定修改,但是要有规则,规则是尊重的体现。**遵守规则是实现尊重的重要途径,因为规则是大家利益和意愿的体现。**

尊重是爱的前提。关爱强迫症是把孩子不需要的爱强加给孩子,也是一种不尊重的表现。没有尊重就没有真正的爱。

很多父母说,我们对孩子很民主啊,什么事情都和孩子商量,尊重孩子的意愿。可民主的结果是孩子长大后我们管不了他了。

中国社会有很多家庭面临这样的问题:表面看是选择了民主和尊重,但实际上是对孩子放纵。所以说尊重是有尺度和方法的,这是个重要的问题。

尊重是必须坚守的教育原则。什么都听孩子的,这不是尊重。宽严有度,赏罚分明,才是民主和尊重。放而不管,有宽无严,有赏无罚,这不是真正的尊重。尊重孩子是既给孩子发展的自由、选择的自由,但又必须让孩子明白:任何自由都不是绝对的,都是有责任的,这是尊重孩子的关键。没有责任的自由是有害的。比如我们都知道公民受宪法的保护,但前提是公民要遵守宪法。

一个人对自己的行为负责任,就是尊重自己。犯了错误要弥补过失,是对自己负责,有时严格的要求恰恰是尊重的表现。

用自然界的道理来说,农民对庄稼是尊重的,他们知道什么时候要播种、除草,什么时候要间苗、灭虫。教育孩子也有相似的道理,而且孩子的世界更加复杂。

有很多父母在生活方面好像还能够做到尊重孩子,但在学业方面似乎做不到。比如我们看到有这样的父母,他甚至没有反对上中学的孩子谈恋爱,似乎对孩子的行为表示理解,给孩子自由。但当孩子的功课受到影响时,父母就着急了。他们着急是因为孩子的学习受到了影响。

我们现在很多父母是以分数为本以文凭为本。孩子一旦成绩优异,一俊遮百丑。这实际上是对孩子的误导。

比如有的孩子学习不好,这是父母最着急的事情,很多孩子经常为此被父母不留情面地批评。但是学习不好的孩子就不值得尊重了吗?

我觉得每一个人都需要尊重,学习不好的孩子更需要尊重。实际上没有一个孩子不想自己学习好。但由于种种原因,先天或后天的原因,有的孩子成绩不太好,无论怎样努力,成绩在班里也到不了上游。他已经比那些学习好的孩子经受了更多的挫折,他更需要阳光般的呵护。

其实在学习不好的孩子身上,经常会有动人的品质。

我女儿和我聊天时,就这样评价过一个同学:她虽然学习成绩不太好,但她非常乐观,对我们都很好。大家都喜欢她。

很多成绩不是特别好的孩子,都有很多值得尊重的优秀品质,比如心地善良,热爱劳动,关心集体,孝敬父母。这都是特别值得欣赏和肯定的。

尊重孩子的精神世界

我们对尊重应该有更深入更全面的理解。父母常常对孩子在物质方面的需求给予满足,但对孩子精神领域的需求干预比较多。这种干预有时就是对孩子的不够尊重。

案例

十四五岁是个很敏感的年龄,孩子的思想总是会受到外界的冲击。不管你是否愿意,该经历的都会来到你的面前。

初三上学期,恋爱的风已经在校园狂刮。有一天,母亲把一封信摆在了我的面前:"我看了同学给你的信,因为我不知道(母亲不认识太多的字),所以拆开了。"

我一愣:"有我的信?"我一头雾水,怎么可能有我的信?因为在乡村中学,外面没有熟悉的人,收到信件是很意外的。当时也没有想去责怪母亲拆开我的信件,何况她也的确不知道是给我的信,所以我没有在意。"是女生写给你的,你爸爸也看了。"母亲说。

父母很慎重地坐在椅子上,虽然慎重,但感觉不到他们的担心。从父母的表情上我可以知道信的大体内容,当着我父母的面,没有办法仔细看信,只用眼睛大概扫了一遍。我没有回避他们,从小时候开始,我就没有可以瞒着他们的秘密。

"我们认为还是让你看看,这是你的事情。"母亲很坦率地说。"江平娃,这件事情不是什么大不了的事情,人家对你有好感也是件好事情。"父亲很简单的几句话,但也有手足无措的感觉,毕竟第一次遭遇孩子的青春期问题。

我的感觉是很好玩,因为我根本没有这样的心思和想法。于是我表明了我的态度:"如果我要谈这些事情,早就已经谈了,很多的事情你们都不知道,因为我没有这种心思,所以也不当回事。这类事很早以前就发生过了。放心,我自己知道怎么处理的。""好吧,这事情我们不能发表什么意见。你自己来处理,但要处理好,不要影响别人……"

我很感激父母没有大惊小怪。他们相信我可以处理自己的事情,也相信我知道自己该做什么事情。青春期,我就是这么自然而然地过来了。回想起来,没有一点的焦虑和躁动,没有盲目的叛逆。我一直按照自己的意志在生活和尝试各种事物,没有受到父母的干扰。

——《少年儿童研究》2006年3期　作者:龚江平

上面这个案例其实不是发生在现在的事情,是一位成年人回顾自己青春期时的往事。但我们很多父母即使是现在,都很难像文中的父母那样,做到对孩子精神领域的尊重。

父母常常对孩子在物质方面的需求给予满足,但对孩子精神领域的需求干预比较多。这种干预有时就是对孩子的不够尊重。

我们对尊重应该有更深入更全面的理解。尊重是精神层面的品质。有的孩子喜欢或崇拜某个偶像，特别容易被父母嘲笑。有个女孩给我来信：她特别喜欢新加坡的某个男歌星，她妈妈认为她下流，觉得女孩子喜欢男歌星就怎么怎么了。父母的这种态度特别伤害孩子，而父母自己没有意识到。

父母可能是这么考虑的：孩子对某些流行的肤浅的东西的追逐，会影响他们的判断能力，进而影响他们的成长。

孩子是处在成长过程中的，父母所说的某些肤浅，他们不见得认识得到。父母没有任何理由嘲笑孩子，就好像没有理由嘲笑孩子幼稚。人在小的时候怎么会不幼稚呢？他认为他喜欢的某个人在某个时刻打动了他，这是在他从幼稚走向成熟的过程中必然会发生的。孩子对任何事物表现出的认可和喜欢，父母都不能给予断然否定和打击。尊重孩子，就要尊重他的选择。父母可以和孩子探讨，让孩子说说理由，然后，对孩子进行引导，帮助孩子了解更多相关的东西。在这个了解的过程中，孩子会重新选择，这就是成长了。

社会上常常有专家讲：为什么我们孩子的偶像不是科学家呢？父母也难免会有类似想法。

明星为众人所知，而科学家无人知晓，这是一种社会现象。应该说是社会出现了某种偏差，是媒体导向的问题。在这种环境下，孩子着迷于明星完全有合理性，所以我们不能责怪孩子，更不能由此而对孩子的做法和想法不尊重。聪明的父母应该学会引导,既满足了孩子的心理需求,又不会使"追星"这种行为阻碍孩子的发展。

给父母的建议

● 孩子犯错误的时候也要尊重孩子。孩子做事不妥当或犯了错误,常常与他的生活经验不足有关,或者说与其社会化程度低有关。对于孩子做事的特点,成年人务必给予理解,做出合乎情理的分析,而不宜夸大问题的严重性,更不应曲解孩子的动机。同时,孩子犯错误之后,往往有后悔自责之意,这是接受教育的黄金时刻。此时,父母如果以宽容之心加和颜悦色,向其剖析事情原委及是非曲直,孩子定会字字入心、声声入耳,收获教益,成为进步的一个推动力。

● 所谓尊重,就是尊重孩子成长的规律,尊重孩子的各种权利,尊重孩子的个性特点。做父母的要学会等待。

● 尊重孩子不是过杂乱无章的生活。要善于和孩子确立规则,这是尊重孩子特别好的方法。事情要商量在先,确认规则后,孩子违背了规则,可以批评他。规则是实现尊重的重要途径。规则是每个人意愿的体现。

● 很多成绩不是特别好的孩子,都有很多值得尊重的优秀品质,比如心地善良,热爱劳动,关心集体,孝敬父母。这些都是特别需要欣赏和肯定的。

● 孩子是处在成长过程中的,父母所说的某些肤浅,他们不见得认识得到。父母没有任何理由嘲笑孩子。孩子都有从幼稚走向成熟的过程。

● 父母常常对孩子在物质方面的需要给予满足,但对孩子精神领域的需求干预比较多。我们对尊重应该有更深入更全面的理解。尊重是精神层面的东西。

信任是教育的一个准则

只有父母充分相信孩子,孩子才会相信父母,真正相互平等有效的沟通才会开始,真正的教育才会开始。相反,如果父母对孩子不信任,就会直接导致孩子对父母的不信任,就会加深父母与孩子之间的不理解。

不论什么原因,如果对孩子不能抱有信任的态度,如果没有让孩子感觉到父母对自己的信任,教育不仅没有正效应,反而会激起孩子强烈的反抗心理,最终使家庭教育一败涂地。

信任孩子是最基本的教育原则,是最成功的教育方式之一。而这一教育方式和原则,适合于每一个人。

父母的信任可以培养孩子良好的心态

在孩子的成长过程中，一个突出的现象就是父母什么事情都要包办代替，越包办代替就越不相信孩子的能力，就越不信任孩子。

2005年9月，中国青少年研究中心做了个调查，其中有这样一个调查结论：孩子对父母最大的期望是信任自己。这反映出很多孩子认为父母对自己不够信任。这种不被信任的感觉从何而来呢？

在孩子的成长过程中，特别在中小学这个阶段，信任与不被信任呈现出非常大的矛盾。我认为一个突出的现象就是父母什么事情都要包办代替，越包办代替就越不相信孩子的能力，就越不信任孩子。

很多父母觉得孩子什么事情都做不好。孩子哪怕是拿个碗、出去买一袋醋都不放心，孩子交友就更不放心，干涉特别多，总是会问：这个人学习好不好？是男孩子还是女孩子？是什么样的家庭啊？爸爸妈妈都是干什么的？你为什么跟他好啊？这样的父母不相信孩子有自己的判断力。

还有的父母对孩子的学习不放心，总觉得孩子不努力、不认真，没有上进心。包括孩子看电视、上网、看书，父母也会不放心：你看什么电视呢？看什么书受什么影响呢？上网就更不放心了。

其实孩子有孩子的理解，孩子有孩子的态度，孩子有自己的理由、方法。父母都忘记了自己小的时候也曾经有种种让父母不放心的事，急切地想让孩子快点成长、成熟。

1996 年，我们做过中国城市独生子女人格的调查，那个时候就发现，多数孩子绝对相信父母很爱自己，半数以上的孩子也认为父母总是鼓励自己，但是只有三四成的孩子认为父母理解自己。这说明什么呢？说明父母对孩子的爱远远多于理解。

我们可以看一组数据：认为"妈妈很爱我"的占 89%，但是"妈妈相信我"的就降到了 54.8%；"爸爸很爱我"占 81.9%，但是"爸爸很信任我"就降到了 54.2%，降了近 30 个百分点。这就说明父母对孩子的爱远远高于对孩子的信任。

孩子对父母的理解会不会跟实际的情况有偏差呢？所有的人都一样，肯定都渴望得到更多的自由，孩子也不例外。孩子会不会把信任这个要求提得过高？

孩子的理解一定会有偏差的。但数据是儿童心声的一种反映，它反映了一个趋势。父母在对孩子的信任上是存在问题的，而这个问题影响到亲子关系，影响到孩子的成长。

有的父母可能开始对孩子还是比较信任的，可是后来发现孩子似乎经常会辜负这种信任。比如：相信孩子会在学习上努力，认真完成自己的任务，结果却发现孩子在没人管束的情况下，自由放任，成绩下降。这样一来，父母哪还敢信任孩子？

首先，做父母的要无条件地爱孩子，哪怕天下所有的人都看不起你的孩子，你也要拥抱他，欣赏他。长期以来，父母们习惯了指责，孩子们不是在鼓励中长大，而是伴随着指责和泪水成长。孩子成绩比以前提高了,父母还是会说:"有什么了不起的,别人可比你强多了!"这样的话只会打击孩子幼小的心灵。

相反,如果我们的父母换个角度想问题,从心底里认为自己的孩子努力了、进步了,并为此感到很欣慰,情况就不一样了。如果这时父母能恰当地给孩子一些鼓励,说一些"爸爸妈妈真为你的进步感到高兴!我们相信你会取得更大的成功……"这样的话,让孩子感觉自己的进步得到了父母的认同和欣赏,最重要的是得到了父母的信任,由此孩子就会对自己有更大的信心,有了成绩也更愿意跟父母交流,这也会对家庭关系的融和起到更佳的润滑作用,良好的亲子关系得以形成并巩固。反之,孩子只会觉得自己无论怎样努力,父母也不会满意,慢慢地孩子就不愿意把自己的想法或进步告诉父母,这样就根本不可能培养出孩子良好的心态和积极自信的人生观。

相关链接

21 条学生最爱听的《阳光语录》

《扬子晚报》2006 年 1 月 7 日讯 新年上学的第一天,南京拉萨路小学的老师们刚刚走进校门,早在门口守候的学校领导便向每位老师送上了一张写有《阳光语录》的宣传单。这份特殊的新年礼物上面清楚地写着 21 句学生最爱听的老师"语录"。

原来,2005 年年底南京市拉萨路小学向校内千余名学生发放问卷,征集学生最爱听的老师说的话,共选出了 21 条:

1. 对自己要有信心哦! 2. 这几天你进步了! 3.

大胆去做吧,做错了可以改。4. 加油,赶上某某。5. 你很聪明的。6. 做得太好了,你真能干!7. 这事交给你,我很放心。8. 能帮老师这个忙吗?9. 我们班是最棒的!10. 老师喜欢你。11. 爸爸妈妈会为你而自豪!12. 我很能体谅你现在的心情。13. 不舒服的话随时告诉我。14. 有什么困难找我! 15. 要注意休息啊!16. 办法总比困难多的。17. 我喜欢你的笑容。18. 我对你很有信心。19. 我相信你一定能赶上来,加油啊! 20. 孩子,只要你努力,不灰心,就一定行! 21. 做错了没关系,重要的是认真!

信任孩子不等于忽略孩子

信任是坚定不移的态度。信任是一种爱的体现。这种爱是在尊重人、理解人、关怀人、关心人的基础上的一种爱。同时,这种信任一定是遵循儿童的年龄、特点并与之相适宜的。

案例

信任的力量

还记得那是我 8 岁的时候。

那天,妈妈和三婶坐在生产队办公室前的石凳上,一个纳着鞋底,一个织着毛衣,边干活,边摆龙门阵。我一个人在旁边捡石子玩。

突然，我听见三婶对我妈妈说："听熊英（三婶的女儿，我的堂妹）说，前两天，她要过奶奶家门前的小沟，有点害怕，叫她玉琼姐姐（我姐姐）或是小平（我的小名）姐姐背她过去，她姐姐就是不答应。"三婶这人心直口快，嗓门也挺大。我听到这儿，就感觉脸一阵阵发烫。那天，我和堂妹，还有邻居家的一个小孩一起玩。堂妹过小沟时害怕，就叫我背她，我嫌麻烦，没理她。现在，三婶在妈妈面前告我的状，妈妈一定会狠狠地批评我。因为妈妈时常教育我们要团结友爱，对有困难的人要主动帮助。我把头埋得低低的，装着没听见三婶的话，继续玩着石子，可心里却打着小鼓：这下糟了，不知妈妈会怎样处置我？"不可能是小平，一定是玉琼。"我正在胡思乱想，却听见妈妈非常肯定的回答。我抬起头，看见妈妈用顶针把针抵过鞋面，抽出线，又接着说："我们家小平的心宽得很！"妈妈继续纳着鞋底，也没看我一眼。她的话很平和，语气却非常坚定。

　　此时此刻，我真恨不得有个地缝让我钻进去。我羞愧极了，真想站起来对妈妈说："妈妈，我的心不宽，是我不背熊英的。"可是，我没有勇气，我不想破坏了我在妈妈心中的美好形象。我只有把头埋得更低，默默地捡着地上的石子。同时，我的内心又充满了感动：妈妈，您就这样相信自己的女儿！

　　从此以后，每每遇到什么事，当我有了自私自利的念头时，妈妈的话就会在我的耳边响起："我们家小平的心宽得很！"这句话就像妈妈的眼睛，时时鞭策着我做一个心胸宽广的人。

20 多年过去了,我把妈妈的信任一直深深地刻在心里。一天,我开着玩笑提到这件事,得意地对妈妈说:"妈妈,其实那天不背熊英的就是我,不是玉琼。""你以为我不知道,熊英早在我面前告了你的状。"天哪,这是真的吗?我惊讶极了。"我相信你一定能改错,所以才故意在你面前说是玉琼。""是吗?"我喃喃地说着,只觉得眼眶一热,泪水顺着眼角往下流。"妈妈,我还以为……"妈妈微笑着说:"以为什么,小傻瓜。你现在不是真的心很宽了吗?"

是的,现在的我的确是一个心宽的人。同事朋友也经常由衷地赞叹:"玉平,你真是个心胸宽广的人。"此时此刻,只有我自己知道,是妈妈的信任才造就了我今天的宽容。

妈妈,谢谢您的信任。

——《少年儿童研究》2006 年 1 期　作者:熊玉平

父母对孩子的信任或者让孩子感知到这种信任是需要一定方法的。前段时间有报纸报道:福建一名年仅 13 岁品学兼优的少女,长期被同学暴打,因突发头疼住院,五天后死亡。不久前,母亲整理女儿的遗物时,意外地发现了一本上锁的日记本。读完女儿的日记,这位母亲放声大哭:"我只知道她的学习成绩很好,每年都被评为文明学生,不是看到日记怎么也不会想到她被打得这么惨。"父母是出于对孩子的信任,才不看孩子的日记的。看完这篇报道,有的父母可能会想,信任的度掌握不好,是会导致某些问题出现的。

我觉得这个事情不能这么解释。对这个女孩的父母来说，不看孩子的日记是对的，因为父母看孩子的日记会给孩子造成其他的伤害，孩子会觉得我连这点自由的空间、保留隐私的空间都没有了。

　　信任孩子不等于忽略。信任是一种态度，对孩子的信任要有坚定不移的态度。如果父母关心孩子，一定会有很多种方法来了解孩子。比如会关心孩子最近的情绪好不好，如果不好，就要多询问、多了解；如果有怀疑的话，还可以和老师取得联系，老师可能会提供一些信息。并不是说一定要偷看日记才能解决问题，要是孩子不写日记呢？

　　信任是一种爱的体现。这种爱是在尊重人、理解人、关怀人、关心人这样的基础上的一种爱。同时，**这种信任一定是遵循儿童的年龄、特点并与之相适宜的**。比方说两个成年人之间，因为信任对方都很有能力，就不需要关心很多的细节。而对一个儿童，除了相信他是诚实的，是努力的，相信他是个好孩子之外，还要关心他的许多细节，给予适当的帮助。

　　像刚才福建的那位少女，是不是可以这样理解：她跟她父母之间可能缺乏一种真正的信任，要是有真正的信任，她不会在这么长的时间里只向日记倾诉痛苦，而不跟她母亲进行一些沟通。

　　对，信任一定要能够彼此沟通。我曾说过没有秘密的孩子长不大。**父母都希望自己的孩子像个水晶人，是个透明体，一眼可以望穿**。而实际上孩子越大就越不可能透明，越大秘密越多。**有秘密，意味着他开始走向独立、走向成熟，有秘密就意味着他要独立地面对问题和承担责任。秘密是孩子长大的一种营养品。**

但是,孩子的有些秘密的确是有危险的,父母作为监护人,当你确实认为孩子的某些秘密是有很大危险的,你是有权利干预的,但是要慎重。

我还要谈另外一个观点,**好的关系胜过许多教育,只有当父母跟孩子的关系是密切的、良好的,教育才可能是成功的。如果父母和孩子关系很糟糕,彼此不信任,教育不可能成功。这个好的关系的底线就是当孩子遇到麻烦或者危险的时候,能够对父母和老师说,这是好的关系的底线。**孩子意识到这个事情很危险,父母会很担心我,我一定要告诉父母,这就叫好的关系。孩子之所以不把某件事告诉父母,第一是觉得这个事没有危险,第二是觉得这个事我自己能处理好,第三是觉得父母知道了会坏事。

父母还要鼓励孩子发现自己的长处和能力,当孩子做到别人没有做到的事情时,他会觉得自己是个强者,继而对自己更有信心。然而,很多父母往往只会从好事情中找孩子的优点,却忽略了孩子受挫折的时候需要父母更多的帮助和鼓励。比方说,当孩子考试不及格,你是否还有心从他写得很差的作文中找出好的句子来,并且及时表扬他呢?这是我们为人父母者应该深思的问题。

如果你相信孩子,你就会发现他的优点;而你欣赏孩子的优点,这优点就可能成为可以燎原的星星之火。

相反,如果你不相信孩子,你就只会看见他的缺点;而你只盯住孩子的缺点训斥,这缺点就可能成为阻碍孩子发展的一个顽症。

孩子犯了错误，父母仍要信任孩子

成长是需要付出代价的，成长不仅需要吃东西，需要买书看，同样还要以犯一些错误作为代价。人就是这么长大的，尊重与信任就包括这些。

案例

无味的野餐

周末，威尔逊和艾迪的父母要带他们去州立国家公园爬山，然后野餐。临行前的一天，一家 4 口人商量如何进行准备：妈妈负责去超市买食品，爸爸准备烤肉的炉子，9 岁的威尔逊提出负责准备所有餐具，11 岁的埃迪负责准备调料。爸爸提醒他们可否列出一个单子，一则防止遗漏，再则若家里不够的物品，可及时去买。威尔逊很快就列出了单子，请爸爸过目，随后便开始准备，而埃迪却要到外面与邻居的孩子玩。爸爸警告他带齐调料，否则野餐不会好吃。

埃迪一边往外跑一边说："放心吧，我会带齐的，别担心。"爸爸不大相信他会准备齐全，想自己来做，但转念一想，应当给埃迪一个锻炼机会，于是便没有督促埃迪。埃迪很开心地玩到很晚才回来，到厨房里忙了一会儿，拎出来一袋子瓶瓶罐罐，便上楼回房去睡了。

第二天一早出发，爸爸并没有检查埃迪的准备工作，一家人高高兴兴上路了。走了两个小时的山路，选好了野餐的地点，大家开始准备午餐。等肉烤熟后，每人倒了一杯饮料，整理好盘子，围着野炊点的木制桌椅坐下，开始往烤肉上倒调料。

"埃迪，烤肉汁在哪里？"爸爸问。

埃迪伸手到袋子里去找，怎么也找不到。

"我记得从冰箱里拿出来的，怎么会没有？"埃迪嘀咕着。

"你有没有把它列在单子上？"

"我没有列单子，我记得我把所有的调料都拿出来了。"埃迪又翻了一遍，大家都在那里等着。埃迪最终没有找到烤肉汁，惭愧地低下了头。

埃迪知道由于自己的疏忽，不但影响了自己，也影响了别人，使这次活动大为逊色。这时，爸爸并没有说一句责怪埃迪的话，但整个事态本身对埃迪的教育已比任何话语更有效。一次无味的野餐，使埃迪品尝到缺乏责任心的危害是那么可怕。

很多父母也明白对孩子应该信任，但是遇到孩子犯错的时候往往还是做不到，或者说只能做到一小部分。应该怎么样让这样的父母调整好心态？

我觉得还是一个儿童观的问题。虽然现在父母越来越重视孩子的教育，但是父母在儿童观上还是存在很大的问题，就是说父母是不是把孩子当成一个真正的人，当成一个走向独立的人，这是一个根本的问题。因为你要是把他当成一个真正的人、独立的人，那你对他的信任和尊重就是不容置疑的。我们很多的父母实际上没有把孩子当成一个真正的人，而是把他当做自己的附属品。有的妈妈会对孩子这样说："你是我生的，我打死你都可以。"

孩子生下来，就是一个权利的主体，具有儿童的四项基本权利：生存权、发展权、受保护权和参与权。因此你对他的信任不是一个选择而是一个原则。即使你的孩子是个弱智的孩子你也得信任他，即使他考试成绩不好，他犯错误很多，你也得信任他。

很多做父母的意识不到这点。

对，父母常觉得，孩子是我生的，我能不管你吗？我怎么说你就怎么做，你必须得服从我的意志。因为我做的这一切都是为你好，天底下还有谁像我这样爱你啊？谁对你负责任啊？我对你好，你必须照我说的做。而实际上，爱也可以伤害人的。一个初三的女学生给我来信说："孙老师，我知道我妈妈很爱我，但爱得我一点自由都没有，爱得我都想去死。我穿什么衣服，梳什么发型，背什么书包，全都是我妈说了算。"其实孩子穿什么衣服，背什么书包，梳什么发型，这些事情需要父母说了算吗？最多可以提一些建议，讨论讨论有关审美的问题，但没必要下命令。没有树立现代的儿童观，就难以跟现代的儿童对话、沟通，就无法建立良好的亲子关系。

比如孩子参加夏令营活动要准备东西，这时就出现两种父母。一种父母这么说："你懂什么啊，你知道应该带什么呀？"父母就在那里给孩子装这个装那个。其实孩子不高兴，孩子本性愿意参与，愿意自己准备。如果父母为孩子准备一百遍，孩子还是一个无能的孩子。

另一种父母就很高明。有位妈妈让孩子自己准备,她只是告诉孩子要注意天气情况,做好充分的准备。孩子很兴奋,说:"知道知道。"妈妈一看孩子准备的衣服少了,要去的地方在山里,很冷,就提醒他:"你可注意啊,山里面的气温是很低的,而且你们晚上又有活动,你得考虑考虑还需要什么。"她的孩子说:"没事没事。"结果衣服带得不够。夏令营回来以后,妈妈就问他:"怎么样儿子,开心吗?"孩子说:"哎呀,好玩极了。"妈妈又问:"碰没碰到麻烦的事?"孩子说:"哎呀,麻烦透了,我带的衣服不够,把我冻得够呛,看来以后我得像我爸爸那样,出门之前把需要带什么写在纸上。"他有了这次的经历以后,就会记住的。

是啊,我也有同感。去年的国庆节,我们全家出去玩,我女儿自己准备她要带的东西。机场安检的时候,她的小书包也要检查,结果查出了一把做手工用的小剪刀,被没收了。我觉得很惊讶,我说:"你怎么会带这个东西呢?"她说:"我不知道不能带儿童剪刀。"我就觉得通过这一次安检,她肯定不会再带这类东西上飞机了。其实当时她特别遗憾,因为那把剪刀她特别喜欢,用了好几年了。

这就叫代价,就是说成长是需要付出代价的,成长不仅需要吃东西,需要买书看,同样还要以犯一些错误作为代价,就像你买错东西一样,等于你买了教训。人就是这么长大的,所谓尊重、所谓信任就包括这些:我们信任你,信任就意味着你可能会犯错误,而且你可能会犯一些我们连想都没想到的错误,但是我们觉得这是可以理解的。你要吸取教训,但是我们不会因为这个而改变我们的信任。我们是成年人,当别人很信任我们的时候,我们就能保证不犯错误吗?同样可能犯错误。而孩子比大人更容易犯错误,更有理由犯错误。孩子就是在犯错误中长大的。

　　父母需要把握一下尺度,错误是可以帮助孩子成长的,但是不能用错误来伤害他,因为他毕竟是孩子。信任同时也是一种动力。这对我们成年人也一样,比如说你相信我能办成这件事情,可能在此之前,我对自己还有一点点担心,但是因为你的信任,我觉得我要用更好的结果来回报这种信任。我想孩子也会这样。

信任是什么?信任是父母给孩子最好的礼物,是成长的动力,是心灵的安定剂。

一个人得到别人的信任,心会变得宁静、稳定、自然。它能使人自信起来,而且心理上会处于一种活跃状态,这对他的发展是非常有利的。一个人如果得不到信任,会增加很多的猜测、自卑、自责、自愧的心理,会消磨斗志,瓦解信心。所以说,信任是非常重要的。

信任对儿童有特别的意义,因为儿童属于未成年人。未成年人也可以叫做未成熟的人,他们心理的突出特征就是不自信。他常常在怀疑自己:我能做得好吗?我经验不足,我的能力不够。这时候他实际上是在自信与自卑中徘徊,信任就给了他一种成长的动力,给了他一种心理上的稳定剂。所以,信任对儿童的成长有特别的意义。

信任孩子,孩子才能学会信任

父母对孩子不信任,直接导致孩子对父母的不信任,也就加深了父母与孩子之间的不理解。

信任不能是形式化的,要根据每个孩子的不同情况不同对待。比如说看日记这个问题,我们都认为尊重孩子就不看孩子的日记,但是我们曾就这个话题做过一个小调查,有的孩子倒希望父母看自己的日记。他觉得平常有些话不能跟父母讲,但是会写在日记里面,如果父母看到自己的日记了,就会知道自己的心声了。

不看日记,是为了尊重孩子的隐私。那些不想让别人知道的事叫隐私,想让别人知道的事情就不叫隐私了。当孩子愿意让父母看日记的时候,父母当然可以看,这是没问题的,孩子让你看的任何东西都不叫隐私。孩子在年龄小的时候,有的时候他的日记愿意让人看,大人可以看。

信任,不是很僵化也不是很教条的。应该在尊重孩子的基础上,来决定看不看他的日记。

对。我甚至这么认为,有时候孩子可能真的是说了谎话,这时候你要不要信任他?你已经感觉到他说的可能是假话,或者你怀疑他说的是假话,你要不要信任他?我认为还是要信任他。信任一定要成为教育的一个准则,就是说即使孩子由于某种原因而撒了谎,你仍要信任他,这实际上也是成长中的一个曲折。

你要耐心等待,让他感到父母就像中流砥柱一样。**信任是什么?是给孩子一个机会,让孩子去反思,去成长。**这个时候,父母的任务不是马上揭穿他,把自己的怀疑说出来,而是要给孩子一个整理思想的过程。当然,你要用其他的方式让孩子感受到真善美的力量,让他慢慢平静下来,他可能会承认这个错误,或者他表面不承认但他会改正这个错误。老子说:信者,吾信之;不信者,吾亦信之,德信。就是说,对于守信的人,我信任他;对于不守信的人,我也信任他,这样就可以得到诚信了,从而使人人守信。我想这是父母应该做的。所以父母之爱应该像大海一样。

像大海一样包容,对吧?

对,包容。用这样的胸怀,才能培养出孩子健康的人格。我们回顾一下很多的教育过程,你会发现,实际上**我们教育成功的时候都是有信任在其中的,出问题的时候都是没有信任的。有了信任就有良性循环,没有信任就会恶性循环。**

冰心在《我的母亲》这篇文章里写道:"母亲从来不开拆我们收到的信件,也从来不盘问我们和同学朋友之间的往来。因为她表示对我们的信任和理解。我们反而不惮其烦地把每封信都给她看,每件事都同她说。"通过这几句话,我们可以说:父母信任孩子,孩子才会信任父母,父母和孩子之间就会有互相的信任。

是这样的,父母信任孩子,孩子才能学会信任。**父母充分相信孩子,孩子才会信任父母,真正相互平等有效的沟通也才会开始,真正的教育也才会开始。**我常常回忆起我的母亲,我母亲没有多少文化,但是我母亲从来没有打过我,而且从来没有跟我高声说过话，我母亲都是慢慢地给我讲道理，而我也听进去了。我想起来就非常感动，真有春风化雨、润物无声的感觉。一想到母亲的时候，我的心里就很安宁，充满了暖意和敬意。我觉得这就是教育，这就是信任。

要把信任和尊重看做教育的基本原则，不可动摇的基本准则，这方面我自己的体会很深。我女儿小学升初中，初中考高中，高中考大学，大学毕业找工作，所有的志愿都是她自己选的。我们仅仅是给她一些建议，因为我们信任她。我发现，越信任她，她就越自信，越信任自己，有了什么事，她比我们着急，左思右想找我们商量，她能够把握自己的命运。不信任就没法沟通，这是教育上的大道理。人不能光懂得小道理，还得懂得大道理，大道理才能够创造大境界。

令人烦恼的是父母与孩子不交心，明明是最亲的，却不是最近的。父母觉得与孩子很难沟通，甚至根本就无法沟通，事实上这并不都是孩子的错。孩子最初的心扉是向父母敞开的，可是父母一次次的抱怨、责骂、不理解，促使那扇门慢慢地关闭了。如果父母总不能深入孩子的内心，那所有的"语重心长"终究都是一种无奈的说教。

孩子为什么不愿意对父母敞开心扉了？肯定是父母在某些事上，采取了不恰当的做法和有些不太好的说法。

日常生活中，有些父母常常这样训斥孩子："你要能学习好，太阳就从西边升起来了。""你这样的孩子，将来就是进监狱的料！"这些尖刻的议论，对孩子稚嫩的心灵来说，无异于刀割。这样的话语伤害直接透露出父母对孩子的不信任，这种不信任很可能让孩子一辈子生活在自卑的阴影中，甚至走上犯罪的道路。

不论什么原因,父母如果对孩子不能持有信任的态度,孩子感觉不到父母对自己的信任,教育不仅没有正效应,反而会激起孩子强烈的反抗心理,最终使家庭教育一败涂地。

18岁以下的任何儿童都有"受保护权",有独立的与成年人平等的"人格尊严",不容许他人侮辱歧视,哪怕这"他人"是自己的父母。有的父母认为自己生养的孩子,就可以任意苛责斥骂,这实际上是一种极其愚蠢的想法。每一个父母都有发现儿童和解放儿童的神圣职责,而绝不是封杀他们成长的希望。

给父母的建议

- 做父母的要无条件地爱孩子,哪怕天下所有的人都看不起自己的孩子,也要拥抱他,欣赏他。

- 如果你相信孩子,就会发现他的优点;而你欣赏孩子的优点,这优点就可能成为可以燎原的星星之火。

- 信任对儿童有特别的意义,因为儿童属于未成年人。未成年人也可以叫做未成熟的人,他们心理的突出特征就是不自信,信任就给了他一种成长的动力,给了他一种心理上的稳定剂。所以,信任对儿童的成长有特别的意义。

- 信任一定要成为教育的一个准则,即使孩子在某种原因下撒了谎,你仍要信任他,这实际上也是成长中的一个曲折。父母要耐心等待。信任是给孩子一个机会,让孩子去反思,去成长。这个时候,父母的任务不是马上揭穿他,把自己的怀疑说出来,而是给孩子一个整理思想的过程。

没有秘密的孩子长不大

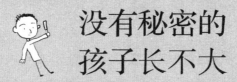

　　一个孩子在他长大的过程中，必然会有些秘密。有秘密对于孩子的成长到底有利还是有弊？从教育学的角度来说，拥有秘密对于孩子的成长具有很重要的作用。我们都知道，走向独立是现代人的基本特征之一，而拥有个人秘密并能恰当处置是走向独立的要素。对个人来说，秘密往往与责任紧密相连，并且要独立承担责任。

　　从这个意义上讲，没有秘密的"水晶人"是永远长不大的，有远见的父母应当允许孩子有自己的秘密。

　　两代人应当相互尊重各自的秘密，并将此视为尊重他人人格尊严的重要内容。

不能以监护权剥夺隐私权

父母对孩子的监护权不意味着剥夺未成年人的隐私权。否则不仅违法,还会加重孩子的逆反心理,加剧父母和孩子之间的矛盾,使孩子失去对父母的尊重。

很多父母都说:孩子大了,不像小的时候什么话都和父母讲,小秘密越来越多。有的父母开始担心,怕自己不能对孩子的所思所想了如指掌,从而没法教育孩子。

做父母的和当老师的往往希望孩子像个水晶人一样,是个透明体,这实际上是不可能的,也是不好的。

据了解,学生中流行着这样一句话:防火防盗防父母。有的学生每看完短信都赶紧删除,有的在自己的日记本上加锁,有的还特意准备两本日记,一本写点豪言壮语,然后放进抽屉里专门供父母偷看;另一本则写下自己的真心话,收藏在隐蔽的地方……显然,父母们与自己的孩子之间出现了沟通的"鸿沟"。

在生活中,成年人总是强调他们对孩子应该行使的保护权,而孩子总是抱怨父母不尊重他们的个人隐私。

我看到的最极端的报道是:尽管价格不菲,还是有不少父母通过请私人侦探来调查子女的行踪。调查的对象一般是初二到高二的学生，主要内容是跟踪他们是否去不良场所，和什么样的人交往等。一位工作人员解释说，父母因为忙于工作无暇顾及子女，但又担心他们误入迷途，因此希望通过私人侦探帮助掌握孩子的动态，以便及时发现问题，对症下药。

这是父母缺乏儿童权利意识的体现。受传统思想的影响，有些父母认为孩子是自己的私有财产，还有的父母认为既然父母对孩子有监护权，无论行为怎样过激，都是对孩子负责。父母要明白，对孩子的监护权不意味着剥夺未成年人的隐私权。否则不仅违法，还会加重孩子的逆反心理，加剧父母和孩子之间的矛盾，使孩子失去对父母的尊重。

有时孩子有秘密，可能在父母看来就是某种隐瞒。比如有的孩子考试没考好，他回家就有意不告诉父母。在他自己看来是有个不想说的秘密，在父母看来就是对父母的欺瞒了。

父母要理解孩子隐瞒某些秘密的初衷，很可能他是善意的，至少是没有恶意，更不会故意欺骗。特别是第一次有这种行为，孩子一定有迫不得已的原因，很可能他是怕父母知道成绩后着急、生气或对自己失望，他想或许下一次能得到一个好成绩再呈现给父母。这说明孩子已经开始考虑他人的想法和感受，他把父母看做重要的他人并注重他们对自己的评价，这都是儿童社会性发展的表现，也就是我们通常所讲的"懂事了"，当然还只是似懂非懂。从这个角度看，儿童的隐瞒行为实际上可以看做是他拥有了一个秘密。

这样的解释有一定的道理。另外，您是第一个提出"分数应当成为学生的隐私"这一观点的人，这在当时引起了社会各界的反应。公布分数从来被认为是天经地义的事，很多父母和教师认为公布分数能够给学生带来压力，促进学习。您为什么认为分数是学生的"隐私"?

有一些孩子因成绩不好而轻生，其中公布分数是一个重要原因。分数考低了父母这关过不了，在学校也抬不起头。经常是一考试，全年级大排队，从第一名排到几百名，很多孩子感到耻辱，而且不光是孩子，父母也感到耻辱。其实，任何人都没有资格用分数来侮辱人。分数本来是检验教师教得怎样，学生学得怎样的一种发展性的评价，但现在已经异化了。学生学习的过程应是一个探索的过程，学生应在不断体验成功和失败中成长。如果过于注重分数，学生往往害怕失败，不去冒险，从而忽略了求知的真正目的。

2005 年 9 月，中国青少年研究中心在北京、上海、广东、云南、甘肃和河南 6 个省(市)进行问卷调查，共发放问卷 2420 份，做了"中国中小学生学习和生活的现状与期望调查"，对"成绩是个人隐私，不应该公布"这一观点，有 18.1% 的中小学生非常赞同，32.0% 的中小学生比较赞同，累计 50.1%。

分数成为"隐私"是尊重孩子的一种表现，很多发达国家都把尊重学生的这一权利写进法律。在瑞典，公布考试成绩被认为是歧视行为，是违法的。教师每次都是把试卷折起来，亲自交给学生，或放到他的信箱里。如果本人没来，好朋友代领，教师会说"我下次当面给他"。我主张教师不公布分数，但可以表扬学习成绩好的学生，突出介绍学习态度和方法，而不只是盯着谁考了多少分。

"分数成为隐私"在中国实施将会有一个漫长的过程。但是,我提出这一观点,最想强调的还是尊重孩子,只要你尊重孩子,他就会感觉宽松,会真正地热爱学习。

相关链接

加拿大教育专家马克思·范梅南教授在《儿童的秘密》一书中指出,保守秘密是儿童走向成熟和独立的一个标志。范梅南教授访问了众多儿童及成人,提交了大量儿童对秘密体验的有关叙述,改变了人们长期以来认为秘密是不好的、不健康的和不应该有的传统错觉。研究证明,秘密能够让孩子们意识到自己逐渐拥有的内心世界和外部世界,这种认识反过来又帮助他们形成一种自我感、责任感以及自主性和人际交往间的亲密性。在保守秘密的过程中,他会感到对父母有一种既想亲密又必须疏远的感情,会怀念在没有秘密的时候的那种毫无芥蒂的亲子关系。所以,儿童的隐瞒行为是有一定的教育意义的。

了解孩子并不需要特工手段

父母偷看日记、偷听电话这些行为,其实都是对孩子正面关心不够、缺乏信任的表现,容易造成孩子对父母的不满情绪,产生新的沟通障碍。这实质上意味着家庭教育的失败。

孩子谈日记

● **班景晨**：日记跟我是好朋友，日记里记录着我的个人隐私，不需要第三者知道。《中华人民共和国未成年人保护法》里有关于我们隐私的权益保护条款。爸爸妈妈可以看老师布置的日记，但我的心情日记不可以看，有时我们的心情只能自己感受，爸爸妈妈看了没准会小题大做。比如那次我们班那个精神有些问题的刘维维把我的头发揪下了一把，老师已经狠狠批评他了，再说他有毛病，我也就原谅他了。但我还是把这件事写在我的日记本上，我不想让爸爸妈妈看见，他们会心疼的，会想到找刘维维算账的。

● **张琳**：日记是我的秘密小空间，如果父母偷看，那就侵犯了我们的隐私权。再说爸爸妈妈想看就要光明正大地看，可以跟我们真诚交流，为什么要偷看呢？老师说过，考试时偷看别人的卷子就像偷别人的东西一样可耻，那爸爸妈妈偷看我们的日记是不是也像是在偷我们的东西一样呀？

● **栾美桢**：我有三本日记。一本是学校老师布置的日记，一本是应付妈妈的，我就放在抽屉里，妈妈随时都可以检查的。还有一本是我的心情日记，有三位数的密码锁。我把它放在我的床垫下面。那里记录着我的丑事和我的小秘密还有委屈，比如上课我贪玩被老师批了一顿,可我觉得老师讲的我都听懂了,我很不服气,就写在上面,这可是我的小秘密,妈妈知道了一定会骂我不谦虚,不知道天高地厚。可有一次周六妈妈在家里进行彻底的卫生大扫除,恨不得把家翻个底朝天,我的床垫也被抬了起来,结果我的心情日记被妈妈发现了。我上完特长班回家,妈妈气呼呼地对我说:"好呀!你还藏着一本日记,还用了密码,害得我花了两个半小时才打开,我就想看看你那小花花肠子里装着什么秘密。"我当时很生气,质问妈妈为什么要偷看我的日记,侵犯我的隐私权,可妈妈也振振有辞:"我是你妈妈!我生了你养了你,你和我还有什么秘密!"跟妈妈说不清楚,我就只好把我的密码换成了五位数,又换了一个更隐秘的地方藏日记本。

● **黄桢艳**:我喜欢在电脑上写日记,我怕爸爸妈妈偷看,就在我大姑的个人网页里申请了一个空间,有密码才能看见内容,是表哥帮我设的密码。我在那里倾诉我自己的心情,很过瘾。可有一次爸爸来大姑的网页浏览,发现了我的小秘密,但进不去。爸爸软硬兼施,可恨的表哥当了叛徒,把我的密码供了出去。其实我那里面的东西也没有什么见不得人的,我就是不喜欢别人看罢了!我很生气爸爸这么不尊重我。

——《少年儿童研究》2006 年 2 期

其实不光是孩子,就是许多成年人,也有过小的时候写日记,然后为了不让别人看到而东藏西藏的经历。现在的父母在面对自己孩子的时候,有时就会忘记自己曾有过的经历。这当然也和现在的父母对孩子过于关注有关。

中国青少年研究中心的一项调查发现，近 30% 的中小学生的日记和信件被父母偷看过。有位中学生在给我的信中写道："我想用世界上最大的声音，告诉所有不信任我们的人：请信任我们！路是我们的，人生是我们的，生命是我们的。我们能够自己装点人生。大人应该给我们一些机会，让我们也试一试，不做一个永久的观众。父母老是说'我想了解你的想法'，可是他们知道归知道，但并不按我们的想法去安排。这样的理解等于零。"

这位中学生的呼吁提示当代父母要学会尊重孩子的秘密，让他们有一片自己的"野地"，给他们一个自由的成长空间。了解孩子并不等于掌握孩子的全部秘密，而是要知道孩子做事的特点与规律。否则，孩子就会产生一种不被信任的感觉，就会对教育产生抵触情绪。

除了看孩子的日记，还有偷听孩子的电话，这都算是侵犯了孩子的隐私权。但父母也有自己的担忧，比如有的妈妈就会说："现在社会上很乱，不听他的电话怎么能知道他都结交一些什么人啊？父母就是要有父母的监护权，我们这样做也是为了孩子好啊！"

随着年龄的增长和独立性的增强，孩子开始有了自己的一些"秘密"，日记就变成了孩子倾诉的"朋友"，电话也是孩子和同龄人沟通的渠道。但很多父母以对孩子"负责""关心"为由，想方设法翻看孩子的日记，偷听孩子的电话，殊不知这些父母亲的做法正是孩子们最反感的行为。

父母偷看日记、偷听电话这些行为，其实都是对孩子关心不够、缺乏信任的表现，容易造成孩子对父母的不满情绪，产生新的沟通障碍。这实质上反映了父母尊重观念的缺失。父母或老师在侵犯了孩子隐私权的同时，也对他们的心理造成了很大伤害。如果长期下去，原本浓厚的亲情也会淡薄很多。

每个人心中都有不愿告诉他人的秘密，孩子也不例外。特别是处在青春期的少男少女，总爱在自己的抽屉上锁把锁，似乎有什么秘密。其实这是一种正常的心理特征，它体现了一种独立意识和自尊意识。它宣告了他（她）已拥有个人行为秘密，不再像童年时期那样，心里有什么话都愿意向父母"敞开心扉"。这个"隐秘世界"是孩子自由个性的集中体现，是包括父母在内的其他人再不可随意进入的孩子内心世界的"警戒区"。

《中华人民共和国未成年人保护法》里有一条规定，说任何组织和个人都不得披露未成年人的隐私。为什么孩子愿意写日记呢？就是想把不愿意让别人知道的一些心里话，包括有时候不愿意跟爸爸妈妈说的话记录下来。所以，父母应尊重孩子们的隐私权，不要轻易去动孩子抽屉上的锁，因为它是用来珍藏孩子的"秘密"的，如果强行打开，孩子的心灵之门从此就会对你紧闭。父母亲应该尊重孩子，走近孩子，多与他们沟通，了解他们的内心世界，解除他们的烦恼，给他们一片快乐纯净的心灵空间。

相关链接

哪些行为属于父母侵犯子女隐私权

1. 父母私自开拆 10 周岁以上子女的信件，属于侵犯子女隐私权。根据《中华人民共和国未成年人保护法》第三十条的规定,无行为能力的未成年人的信件可以由其父母或者其他监护人代为开拆,根据《中华人民共和国民法通则》第十二条的规定,无行为能力的未成年人是指不满10周岁的未成年人。因此,父母只能代为开拆不满10周岁子女的信件,对于10周岁以上子女的信件,父母不能开拆,否则构成侵犯子女隐私权罪。

2. 偷看子女日记、电子邮件、窃听子女与他人通电话等行为也属侵犯子女隐私权。

3. 采用暴力、胁迫、引诱等方式要求未成年子女说出内心并不愿意被他人知道的秘密。

4. 私自检查未成年子女的私人物品以窥探未成年子女的秘密。

5. 把未成年子女只说给父母的秘密向外宣扬。

拥有秘密对于孩子的成长具有重要作用

独立是现代人的基本特征,而拥有个人秘密并能恰当处置是走向独立的要素。对个人来说,秘密往往与责任紧密相连,并且意味着要独立承担责任。

北京四中网校对 2000 名中学生的问卷调查显

示：半数学生强烈不满自己父母的家庭教育方式，有些方式的反对率达到了70%。其中在回答"你最不喜欢怎样的母亲"时，不尊重子女，经常翻看孩子的日记、书包、抽屉，选择率达七成多。

一位15岁的女学生讲述了她被母亲翻看书包后的心情："有一个星期天，我准备痛快地玩一天，因为一个星期的紧张学习使我头晕目眩，两眼发花。可是，在我玩累了归来时，发现我的书包被翻过了。于是，我立刻想起了书包里的日记本。

"果然，日记被妈妈翻看了，并且写了留言。虽然她向我道了歉，但这道歉又有什么用呢？日记写的是我心中的秘密，是我从来不肯泄露的私事，我从没对父母说过，可妈妈竟查了我的书包！

"这事一直留在我的心中，虽然过去好久了，但至今记忆犹新。说实话，我一直觉得自己和父母有代沟。从此以后，我极少讲话，几乎一回家就是关紧房门做作业，吃饭只盯着自己的碗和菜。日记也不写了，我把它放在了同学家的抽屉里，请同学替我保管。我宁可信任同学也不信任父母！是的，他们是我的亲生父母，可他们为什么不去想一想事情的后果如何呢？我需要的，是真正的理解，这一点，他们会给我吗？"

哲学家康德说过：被告知一个秘密，就是被赠予一份礼物。可见秘密是很有分量的一种东西。对孩子来说，秘密意味着什么？

每个人都有自己的秘密。秘密是隐蔽的不为人知的事情或事物。人们保护自己内心的想法,不愿意被别人知道,实际上就是在某种程度上把自己和别人隔离开来。

当孩子拥有自己的秘密时,表明他已经将自己同其他人、同客观世界区分开了;当他考虑要不要把秘密说出去的时候,就表明他已经具有追求独立的愿望;当他意识到要为他人保守秘密的时候,就表明他已经具备初步的责任感。

秘密可以让孩子意识到自己的内心世界,同时也让他们形成自我意识和责任感。

从教育的角度来说,拥有秘密对于孩子的成长具有重要作用。独立是现代人的基本特征,而拥有个人秘密并能恰当处置是走向独立的要素。对个人来说,秘密往往与责任紧密相连,并且意味着要独立承担责任。从这个意义上讲,没有秘密的"水晶人"是永远长不大的,有远见的父母与教师应当允许孩子有自己的秘密。

　　如果父母总是窥视孩子的隐私,从孩子成长的角
度看,会有什么不利的影响呢?

首先会打击孩子的自信心。对自己能力的信心就是自信心。孩子希望有一定的独立性,希望自己的某一领域不受干预,这正是有自信心的表现。做错了事,想偷偷改;学习落后了,想暗自追上去,这也正是不丧失自信心的表现。轻易地破坏他们内心的希望,侵犯他们这方面的隐私,就会无意中打击了他们的自信心。

其次会麻痹孩子的羞耻心。孩子因知羞耻才把某些过失、缺陷看做隐私,随便揭开、公布、宣扬这些隐私,孩子起初还会觉得难堪、痛苦,以后便会麻木。俗话说"破罐子破摔",就是这个意思。

写日记其实是人自省的一种方式，父母偷看孩子的日记，又把日记的内容宣扬出去，是不可取的。不尊重孩子这方面的隐私，孩子就会不再重视这些自省方式，就会大大削弱自省的欲望和能力，妨碍孩子健康成长。

还有，孩子的一些隐私会涉及他的同学、朋友，比如与朋友一起进行并非不正当但又不愿让别人知道的活动，并约定保密。教师和父母知情后，不分青红皂白将事情公之于众，这便会招致朋友和同学的怨恨，破坏了孩子与别人的友谊。

可能最终结果会破坏亲子关系吧？

肯定是这样。如果孩子的隐私常被侵犯，父母又不善于补救，其结果必定是孩子对父母反感，不信任。一旦双方形成隔阂，再对孩子进行有效教育就困难了。

相关链接

《中华人民共和国未成年人保护法》第三十条规定："任何组织和个人不得披露未成年人的个人隐私。"而《侵权行为法》中对隐私权的解释是，"自然人享有的对个人、与公众利益无关的个人信息、私人生活和对私人领域进行支配的具体人格权"。

面对隐私，关键是信任

隐私具有一定的相对性，隐私可以转化。父母要争取让孩子信任自己，使孩子主动、自愿地披露心中隐私。

有父母会说："一切由着孩子，孩子的私事都不能过问了吗？"

不是这个意思，父母要过问，但要明确指导思想，讲究方法。不是所有的秘密父母都无权过问。孩子如果碰到较大麻烦甚至危险应当立即告诉父母，以免发生意外，这是每一个孩子应当具有的常识。

那什么样的秘密要让父母知道呢？如果父母不知道孩子的秘密，怎么会知道孩子是否处在危险当中呢？有的父母就认为必须了解孩子的秘密，至少是绝大多数秘密。

如果你确实意识到了孩子面临危险，是可以采取必要措施的，但要小心，不要误解了孩子，低估了孩子，那会让孩子产生一种不被信任的感觉，会对教育产生障碍的。

也就是说要对孩子了解在先。有了尊重和信任，孩子就有可能把自己想的和要做的事情告诉父母。

对。应该先尊重孩子的隐私权，再让孩子自觉自愿地和你谈他的情况。隐私的特点是具有一定的相对性，自己的私事对一些人是隐私，对另一些人可以不是。隐私可以转化，不信任你时是隐私，信任你了可以不是隐私。父母要争取让孩子信任自己，使孩子主动、自愿地披露心中的所思所想。要让孩子感受到父母的信任和爱心，并使他分清秘密的分量和是否具有危险性，如果没有危险可不必深究。这条界线可以在平时暗示给孩子。

内心的秘密是每个正常人都具备的，从这个意义上讲，尊重孩子的"隐私"，就是尊重孩子的人格。父母也会因此赢得孩子的敬重和爱戴。

父母应该怎样做才能让孩子拥有对父母的这份信任？

父母需要在日常生活中长期积累、培植孩子对父母的信任感。比如说，培养孩子与父母交流思想感情的习惯，当孩子和父母说些心里话时，父母要给予充分的理解。即便不同意孩子的某些做法和说法，也要用商量的口吻协商，达到与孩子情感上的沟通。父母要营造家庭中平等、民主、理解、宽松的行为模式，使孩子感到自己和父母之间不仅仅是血缘上的亲子关系，更是生活中可以信赖的朋友关系。这样，孩子就会愿意把自己心中的秘密告诉父母。

父母平时应多抽时间和孩子聊聊天，问一问孩子学校的事情，人际关系情况，对一些事物的看法等等。如果孩子告诉你一些真实的感受和想法，要站在孩子的立场先去理解他，然后告诉他该怎么办。对于孩子遇到的一些人生困惑，父母要耐心地给他们指导帮助，为他们解疑答惑。这样，孩子感受到父母对自己的尊重和信任，他们就会越来越信任父母，就会把父母当成倾诉对象而不是保密对象了。

不要找各种理由偷看孩子的日记，私拆孩子的信件。不要偷听孩子的电话和谈话。

如果承诺为孩子保守秘密，一定要守信，需要揭开某个秘密时应动员孩子自己去揭，而不是由父母代办。

上面几点，如果父母真正做到了，那么孩子就会认为父母是值得信任的，在做某些比较大的事情之前，会和父母商量，从而避免危险。

给父母的建议

- 没有秘密的"水晶人"是永远长不大的，有远见的父母应当允许孩子有自己的秘密。
- 孩子感受到父母对自己的尊重和信任，他们也会越来越信任父母，就会把父母当成倾诉对象而不是保密对象了。
- 不要找各种理由偷看孩子的日记，私拆孩子的信件。不要偷听孩子的电话和谈话。
- 如果承诺为孩子保守秘密，一定要守信，需要揭开某个秘密时应动员孩子自己去揭，而不是由父母代办。

怎么表扬孩子最管用

　　希望得到别人的赞扬和认同是人的天性。心理学家对儿童所作的心理测验表明，当一个疲惫的孩子受到赞扬时，他会产生一种明显的新的向上的力量。相反，当孩子得不到赞赏或受到批评时，他现有的体力也会戏剧性地减退。

　　教育家陶行知先生说过："教育孩子的全部秘密在于相信孩子和解放孩子。"相信孩子就是要善于发现孩子的闪光点，及时地给予鼓励和赞赏，使他们处于健康快乐的环境中，保持一种积极向上的精神。

千方百计让孩子相信自己是好人

表扬孩子可以体现父母对孩子的信任、理解、尊重、欣赏。如果孩子为取得成功所作的努力得不到他人的赞许，那么他就很有可能不再努力。

案例

　　我站在讲台前，看了看坐在下面的学生，准备打开我手里的小纸盒。教室里一下子安静下来了，学生们都放下手中的笔，眼光"刷"地全盯在这个纸盒上，眼光里是按捺不住的期待和激动。他们都在等待着从小纸盒里飞出对自己的赞扬。

　　我打开一张小纸条读了起来："今天我看到饮水机旁小桶里的水满了，又是朱云同学把它倒掉的，他很热爱劳动。"我抬头看见朱云的脸红红的，他的身子坐得更直了。我又打开一张读了起来："今天徐悦骂人的话少了些，希望他彻底改掉说脏话的坏习惯。"我看看他笑着说："你看，同学们对你提出了希望，相信下次同学们会说你不骂人了。"他不好意思地嘟囔了一句："我才不骂人呢。"

　　接着，我一口气把今天放在纸盒里的小纸条读完，我读到的是孩子们对他人微小进步的赞扬和肯定。他们在用自己的眼睛努力去发现他人身上的闪光点,同时渴望自己也被别人所肯定、所赞扬。

怎么想到用这种方法呢?有一次,我叫学生写班上同学的外貌和特点,但不要写出名字,让老师根据他们的描写猜出是谁。很多学生的文章写得很成功,因为我一下子就猜出是谁了,但我惊讶地发现,他们笔下描绘的绝大多数是同学的缺点、不足,而且语言是那样犀利、刻薄。震惊之余,我又忽然意识到平时学生到老师面前打"小报告",都是"状告"别人的不是,很少有人来说:"老师,你该表扬××,他⋯⋯"我想了又想,于是第二天的讲台上出现了这只小纸盒,我让学生们每天至少发现一位同学的一个优点或一丝进步,写在小纸条上,放到小纸盒里,我每天郑重地朗读、表扬。

这个小纸盒使用了一段时间后,班里的情况发生了变化,同学之间更加和睦,相互帮助的事儿更加多了。一些同学抢着做值日,垃圾桶总倒得空空的,上课不敢举手的同学也悄悄举起了手⋯⋯每个人都在以自己的行动赢得赞扬,每个人都在善意地发现他人的进步。

　　——《少年儿童研究》2005 年 12 期　　作者:吴卓君

　　父母对于孩子所做的事情,不管是学习还是家务,大都会评价孩子做得是好或是不好。但是,我知道有些父母不是把所有的事情都加以评价,认为孩子做好了是应该的,不值得表扬,做错了却是要批评的。这部分父母对孩子的要求可能比较严格,出发点是让孩子认识不足以利改进,但可能就此忽略了对孩子的表扬。忽略表扬会有什么样的后果？

没有批评会导致孩子没有标准,但没有受到表扬的孩子会导致没有成功感。总的来说,我认为对孩子要表扬多于批评,这是一个重大的原则。我有个理念:父母有个神圣的天职,就是千方百计让孩子相信自己是个好人,是个幸福的人,是个充满希望的人。表扬孩子可以体现父母对孩子的信任、理解、尊重、欣赏。

为什么要多表扬孩子?

因为孩子年龄越小,越认不清自己。儿童时代是个非常容易自卑的时期。孩子不论是年龄还是身材都那么小,他看大人是仰视,在他看来,每个大人都是巨人。

而且父母还有天然的权威性。年幼的孩子知道,他所需要的一切都来自父母。所以父母的表扬会让孩子认识自己的潜能。**实际上表扬孩子的目的是让孩子认识自己,认识自己美好的天性,发现自己非凡的潜能**。即使是再内敛的父母,也要对孩子慷慨地表扬,及时地表扬。

对孩子的赞许不仅仅是对孩子所做的某一件事、某一个行为的肯定,也不仅仅是为了使孩子产生一时的愉悦,而是关系到孩子在社会化过程中,为其规定怎样的标准,设立怎样的目标,以及孩子是否为达到这一目标作出自己的努力并怎样去努力。这些赞许就其本身而言有时可能是微不足道或是极其平常的,未必会产生什么成效。之所以这样做,在于对孩子的行为产生的效果进行积极评价,尤其是孩子的成就需要是建立在赢得他人的重视和赞许的基础上的,如果孩子为取得成功所作的努力得不到他人的赞许,那么他就很有可能不再努力。

一个人只会听表扬,从来没有听过批评,这很危险。如果这个孩子一直都在听批评，而没有听过表扬，就会缺乏自信。所以我认为批评、宽容、鼓励、赞美都要根据不同的情况综合使用。

其实不只是小的孩子，年龄渐长的孩子甚至成人，都希望得到鼓励和赞扬。关键是怎样让这种鼓励起到该起的作用。

美国成功学的创始人拿破仑·希尔博士在回忆自己的童年时曾说过："当我是一个小孩时，我被认为是一个应该下地狱的人。"可这一切因他父亲的再婚而改变了。在新母亲走进他的房间时，他父亲说："这就是拿破仑，是希尔兄弟中最坏的一个。"可继母并没有在意父亲的话，而是用最亲切的语调说："这是最坏的孩子吗？完全不是，他恰好是这些孩子中最伶俐的一个，而我们所要做的，无非是要把他所有的伶俐品质发挥出来。"继母用她浓厚的爱和不可动摇的信心造就了一个新的拿破仑。

是的。表扬是一门艺术，只有运用得法，才能取得良好效果。

我曾经在上海闸北八中采访，后来写了本书《唤醒巨人》，其中一段可以说明问题。

一个成绩差，总打架，被班级和学校视为"大麻烦"的学生楚庆生转到了闸北八中。在到八中之前他听到的永远都是讽刺、挖苦、责骂，连他自己都觉得自己笨，已经自我放弃，对前途不抱希望了。但他到了八中，看到的第一个人刘校长对他说的第一句话却是："你武功这么好，动作这么敏捷，脑子一定非常聪明！"

楚庆生一听慌了，连连摇头。刘校长拍拍他的肩说："笨的人不可能拿上海武术冠军,如果你把练武功的劲稍稍用在学习上,成绩肯定能上去。这一点我有绝对把握!"

听了刘校长的话,这位过去听惯了批评和嘲笑,连自己心里都认定自己是个坏学生的孩子,心里的感动和振奋是可想而知的。"连刘校长这样的名人都看得起我,我太幸福了!这样的感觉过去从来没有过,我暗下决心,一定要像练武一样好好学习!"后来教数学的王老师让这个孩子对过去害怕的数学产生了兴趣。一次在给楚庆生补习时王老师出了三道难题,楚庆生做出了两道。王老师顿时两眼放光:"楚庆生,你太棒了!三道难题你居然一下解出了两道!你太让我兴奋了!"

楚庆生呆住了,他从来没有看见过老师因他学习进步而狂喜,从来没有体验过由老师的狂喜传染给他的那种快感。原来,成功会像电流一样,让人的全身骤然发热,他有了一种要飞的欲望。从这一刻起,他学习上的自觉性被唤醒了。

当楚庆生后来再次争得武术冠军的荣誉时,刘校长召开全校庆功大会,宣读对楚庆生的表彰和奖励。校长还及时鼓励他,根据他的特长和进步,学校将会推荐他报考上海警官学校。这一目标对楚庆生这样的孩子是多大的鼓舞呀! 后来他刻苦学习,以高分考取了上海警官学校,毕业后成了劳教所的管教干部。楚庆生感慨地说,如果不是"成功教育"和八中的老师们,关在铁窗后面的犯人很可能就是自己。

这段故事非常有说服力,从中可以看出鼓励和表扬是如何使一个孩子找到自信的。

过度表扬对孩子有害

表扬孩子,对孩子的成长有积极的作用,这一点毋庸置疑。但不恰当的表扬不仅不能激励孩子,相反会挫伤孩子,使教育的效果大打折扣。

有段时间,赏识教育风行全国。但随后,又有许多父母发现,对孩子一味赏识表扬,似乎没有收到预期的效果。

我可以先给您举个例子,这是我在接咨询电话的时候遇到的一个案例。

小强是个 10 岁的孩子,他的父母和许多父母一样,有着"望子成龙"的愿望。他们严格管教自己的儿子,希望他懂事、听话,长大了有出息。他们知道自己的文化程度不高,所以在教育孩子的问题上,愿意听听专家的看法。

小强刚上幼儿园的时候,妈妈就告诉他一定要听老师的话,否则,老师不喜欢,妈妈也要骂。小强尽管有时也淘气,但总的来说,是个比较乖巧的孩子。幼儿园毕业的时候,老师告诉小强的妈妈:小强是个好孩子,但胆子太小,自信心不强,性格也比较懦弱。孩子马上要上小学了,要注意引导他变得大胆勇敢一些。

小强的父母赶快去请教了专家。专家了解到他们夫妻对孩子管束很严格,建议对这样的孩子要多表扬、多鼓励,不要总是否定他,这样才有利于他的自信心的培养。

小强的父母对专家的建议非常重视,他们决定改变以往的教育方式。于是,他们努力挖掘孩子的优点,对他的每一点进步都给予肯定和表扬。当他和别的孩子做同样一件事情,父母就夸他做得是"最好的",甚至当小强犯了错误,他们都会忍着不去批评他。这样,一段时间以后,小强的胆子果然大了一些,做事不再畏缩。爸爸、妈妈也很高兴,认为对孩子多表扬真是一个好办法。但是,随着时间的推移,小强从对表扬很热衷变得对表扬有些不在乎了,而且,由于他已经习惯了听好话,在学校如果老师批评了他,回家后,他就会长时间地闷闷不乐。而且,他对自己的父母夸奖别的孩子很在意。有一次,一个小朋友来家里跟他玩,他们一起玩电脑游戏,那个孩子比他打得好,爸爸夸奖了人家一句,小强竟扔下游戏机,说什么也不玩了。这让小强的爸爸很生气,觉得孩子怎么变成了这样。小强的父母再次找专家咨询,专家认为,是他们无原则的表扬使小强变得自以为是,不许别人批评自己,也见不得别人超过自己。

小强的父母感到疑惑,表扬孩子也是专家的建议,怎么会又出了问题呢?

专家的说法没有错,错在小强的父母没有掌握好表扬孩子的"度"和恰当的方法。

家庭教育中的表扬同赏识、夸奖、赞许等方式同类,都是对孩子的积极评价,是对其行为的"良性刺激"。从社会心理学角度来看,人的社会动机之一是赞许动机,即指人们期望获得他人及社会的赞扬、肯定、承认和鼓励,以得到心理需要的满足。社会赞许动机对人的行为的培养具有极其重要的意义。

如果表扬不当,会给孩子带来负面影响。首先,过度的赞美会使孩子形成盲目骄傲自大的人格品质。因为孩子在年幼时,不具备自我评价能力,外界对孩子评价的恰当性,直接影响到孩子自我评价的准确性。如果父母对孩子的赞扬言过其实,过分夸大,频繁使用,就会给孩子造成一种错觉,认为自己完美无缺,使孩子渐渐形成自以为是、骄傲自负的不良品格。第二,过滥的赞美会造成孩子行为自觉性差的人格品质。父母在赞美孩子时,常常意识不到过度的赞美容易使孩子为了得到赞美而表现好,这种好的表现并非是自觉的,而是具有一定功利性目的的。这样易使孩子养成自觉性差,看他人眼色行事的习惯,做任何事都要靠外力推动,长大后个性表现倾向于他人取向,使自己的言行表现受制于他人的赞扬。第三,过多的赞美会使孩子经受不住批评与挫折。我们常听到有的父母称自己的孩子只许表扬,不许批评。这种孩子往往不能面对失败,不能抵抗挫折,心理承受能力差,长大以后就难以经受得住人生旅途中发生的风风雨雨,变得脆弱、退缩、逃避。

表扬孩子对孩子的成长有积极的作用,这一点毋庸置疑,但是表扬孩子不能没有原则、不讲科学。不恰当的表扬不仅不能激励孩子,相反会误导孩子,使教育效果大打折扣。

作家毕淑敏曾写过一篇短文,题为《请为你的夸奖道歉》,说的是她的一位朋友到北欧某国做访问学者,周末到当地教授家中做客。一进屋,问候之后,看到了教授 5 岁的小女儿。这孩子满头金发,极其美丽。朋友带去了中国礼物,小女孩有礼貌地微笑道谢。朋友抚摸着女孩的头发说:你长得这么漂亮,真是可爱极了!教授等女儿退出之后,严肃地对朋友说:你伤害了我的女儿,你要向她道歉。朋友大惊。教授说:你是因为她的漂亮而夸奖她,而漂亮不是她的功劳,这取决于我和她父亲的遗传基因,与她个人基本上没有关系。你夸奖了她,孩子很小,不会分辨,她就会认为这是她的本领。而且一旦认为天生的美丽是值得骄傲的资本,她就会看不起长相平平甚至丑陋的孩子,这就成了误区……不过你不要这样沮丧,你还有机会可以弥补。有一点,你是可以夸奖她的,这就是她的微笑和有礼貌。这是她自己努力的结果。"请你为你刚才的夸奖道歉。"教授这样结束了她的话。毕淑敏在短文中说,后来我的朋友正式向教授的小女儿道了歉,同样表扬了她的礼貌。朋友说,从那以后,每当我看到美丽的孩子,我都会对自己说,孩子不是一件可供欣赏的瓷器或是可抚摸的羽毛。他们的心灵像很软的透明皂,每一次夸奖都会留下划痕。

　　这就是说,对孩子表扬很有讲究。

　　对。当赏识教育推广过度的时候,有的孩子也感到:父母很虚伪。这就是表扬出了问题。比如有个孩子,是个四年级的男孩,学习成绩总是在班上倒数前几名,老师、同学都认为他是个"差生"。经测试,他的智商水平并不太低,于是专家们建议他的父母对他少责备、多表扬。其父母采纳了这一建议,确实收到了积极效果,这个孩子学习的主动性增强了,成绩也提高了。但遗憾的是,父母在尝到表扬孩子的甜头后却走向了另一个极端:在家时,这个孩子无时无刻不在受到表扬,既听不到批评,也听不到任何忠告或指点。这种过度、过滥的表扬带来的最大危害是：孩子被自己的一时成功冲昏了头脑，甚至因过度自负而不能正确或准确地评估自己。当在学校里听不到老师和同学同样的表扬，他就产生了比以前更强烈的失落感，结果一蹶不振，甚至发展到厌学、逃学。

有效的表扬是准确的、具体的、及时的

孩子年龄越大，所期待的表扬越具体，而越具体的表扬才越令人信服。所以父母对孩子的评价要随着孩子年龄的增长提高科学的含量。

案例

有一天，陶行知发现学生王友用泥块砸自己的同学，他当即制止了王友，并让他放学后到校长办公室来。放学后，陶行知来到校长室，王友已经等在门口准备挨批了。陶行知立即掏出一块糖果送给他："这是奖给你的，因为你按时来到这里，我却迟到了。"当王友惊疑地接过糖果后，陶行知又掏出一块糖果放到他手里："这也是奖给你的，因为我让你不再打人，你就立即住手了，这说明你很尊重我。"王友迷惑不解，陶行知又掏出第三块糖果，说："我调查过了，你砸他们，是因为他们欺负女同学。这说明你很正直，有跟坏人作斗争的勇气！"王友感动得哭了，他后悔地说："陶校长，你打我两下吧，我错了，我砸的不是坏人，是我的同学呀！"陶行知满意地笑了，他随即掏出第四块糖果递过去："为你正确地认识了错误，我再奖给你一块糖果……我的糖奖完了，我看我们的谈话也该结束了吧！"

　　正确的表扬概括起来有哪几点呢？

首先，表扬一定要准确、具体。

有的父母会这样表扬：你真是个好孩子，你真聪明，你真用功。看起来确实是在表扬孩子，但这种表扬含糊不清，无助于孩子认识自己。表扬孩子要具体、准确。比如可以这么说：孩子你今天的碗刷得很干净，你今天的地扫得很干净，你今天的被子叠得很整齐，我很高兴，我觉得你真是很会干家务。表扬孩子的学习可以这么说：你学习的时候很专心，没有站起来走动，或者说比过去走动少了，你的字写得很认真。对于孩子的娱乐则说：你能够按规定时间玩游戏机，能管得住自己，真的很不容易。所以说表扬孩子是一门艺术，对孩子的表扬要及时而具体，表扬聪明不如夸奖努力等等。儿童需要这样的表扬。这样的表扬才是准确具体的表扬。

还有就是表扬孩子要及时：孩子做了好事后都有个心理期待。有的孩子做了某件事情后，一天的心思就是等老师表扬这件事。可老师一天都不提，孩子就会一天都不舒服。孩子的注意力容易转移，假如过了一星期再来说这件事，再去表扬他，对他来说这个表扬就大大贬值了。

说到表扬要及时,我想起了我看过的一个故事。某小学的校长曾经做过这样一个实验:期末考试之后,他分别在不同时间内对两个班级里考试成绩差不多的两组孩子作出评价。对第一组孩子,校长在考试成绩出来的当天就表扬了他们:"成绩真不错,你们都是聪明的孩子,继续努力吧。"对第二组孩子,校长一直等到下一个学期开始之后,才对他们说:"你们上学期考试成绩不错!"一个学期以后,第一组孩子因为受到了校长及时的赞扬和鼓励,学习成绩有了明显的提高。他们一致认为是校长的赞扬让自己对学习充满了信心,学习劲头也更足了。而第二组孩子的学习成绩却没有明显进步。虽然校长赞扬了他们,但时间已经相隔太久,所以他们根本没有察觉到这种表扬,所以他们的学习积极性也没有太大的变化。

　　这说明,孩子是需要赞扬的,并且父母要正确把握赞扬的时机。一般来说,在孩子取得成就以后,及时给予赞扬的效果最好,这时候,最能激发出孩子的潜能,孩子最容易从父母的赞扬和鼓励中获得继续努力的动力。如果不是及时赞扬,而是在一段时间以后再赞扬,效果则会相差很多。那时候,孩子已经因为没有得到父母的肯定和赞扬而失望,即使后来再补也无济于事了。

　　还有要注意的是,表扬还有着复杂性:孩子做事有时对中有错,错中有对,还会好心办坏事。这时父母准确具体的评判和表扬是非常重要的。

　　我家的孩子喜欢画画,出于鼓励的目的我们经常夸奖她,如果有时画得一般,我们的态度还是鼓励,可能夸奖的口气就比较平。她就问：你今天好像不是很满意？她认为没有达到她希望的预期目标。是我们的方法不对，还是我们过去对她的表扬太多，使她只希望听到表扬？

审美是容易疲劳的。你总在夸奖，夸奖的程度会越来越低，而且容易重复或是简单。就像我前面说过的，越是简单的夸奖越不能让孩子认同。孩子年龄越大，他所期待的表扬越是具体，而越具体的评价才越令人信服。所以父母对孩子的评价要随着孩子年龄的增长提高科学的含量。你可以从技法、构图、色彩来谈。孩子学什么技能，你也要明白相应的东西。你还可以带着孩子去拜访高人。高人说的话孩子可能很少听得懂，可能只有十分之一听得懂。但大人听懂的就可能会是 50%，在这种情况下，你就可以用高人的话来指点孩子，这才能带孩子不断攀上高峰。

父母表扬孩子要让孩子感觉你说的是真话，而且父母本来就应该说真话。

相关链接

　　美国哥伦比亚大学博士罗尔·德韦克和克劳迪娅曾经对 412 名五年级学生进行了研究：他们比较了因智力而受到夸奖和因学习努力而受到夸奖的两类学生。研究人员发现，当成功时，因智力受到夸奖的孩子认为自己获得成功完全是因为天生聪明，他们容易将失败归咎于不够聪明。不过，当那些因努力学习而受到夸奖的孩子失败时，他们认为是自己不够努力而导致失败。这类学生更有可能振作精神，继续努力。德韦克说:"夸奖孩子的智力,而不是赞扬他们自尊自强的精神,容易使他们产生自我失败感,例如担心失败和避免冒险。当孩子遇到困难时,应该教育他们努力学习,集中精力,以及想方设法解决困难,这将使他们保持学习热情,增强自信。"

表扬孩子要"就事论事"

表扬如果使孩子产生继续把事做好的愿望,就达到了表扬的目的。大可不必给孩子"戴高帽",造成孩子的错觉或心理压力。

案例

  儿子今年已经 12 岁了。上学期,他们班搞了一次手工技能比赛,要从众多的作品中评选出一、二、三等奖,名额有 12 个。也许是女生天生就比男生心灵手巧吧,结果 12 人入选,其中 8 人是女生,男生只有 4 人。回到家,儿子沮丧地拿出自己的作品。我一看,呦!挺漂亮的小纸盒,上面还有图案呢!

  "儿子,你做得真棒!"可还没等我说完,儿子就像放机关枪似的向我开了火:"你又随便肯定,你还以为我是六七岁的时候,值不值你都夸我,我已经 12 岁了,我已经具备判断是非的能力了。告诉你,我这个作品,是最没有创意的,我知道你是在鼓励我,怕我伤心。可你知道吗?你的鼓励实际是对我的污辱,你每次这样,我都挺难受的。换位想想,当你明明知道自己确实不如别人时,却偏偏被表扬,这一着,也是我们老师经常对付那些基础差、脑子又不聪明的学生用的。其实也就他们自己听不出来,每到这时,我们都会很同情他们,如果老师这样对我,我会感到很没面子甚至会恨老师的!"望着儿子,我语塞了。儿子的这番话让我突然感到不知所错。儿子真的长大了,他居然听出了"问题",还分析出一大堆的"道理"。

　　我故作"镇静"地笑笑说:"呦,儿子'声讨'妈妈了。原来你们那么'复杂'呀!"儿子苦笑了一下。其实,我此时的心情比儿子更难受。身为一名教师,从教这么多年了,自认为聪明的做法居然适得其反,作为母亲、作为老师真是惭愧!儿子刚才的肺腑之言让我对自己的一贯做法感到茫然。是呀,我也曾像他们的老师那样,不知"表扬"过多少学生,难道他们也像我儿子一样,存在着这样的想法(我的学生也 11 岁了)?哎!自己一直认为自己是个好妈妈,是一名好老师,也是学生的好朋友,今天才知道,我无意间挫伤了不少孩子的积极性,也伤了他们的自尊。这件事令我反思……

　　后来,一次家长会后发生的一幕,至今使我难忘。

　　那是一个寒冷的冬季,家长会后,几位家长追着我,强烈要求我不要再表扬他们的孩子了,否则真不知道该怎样教育了。这一要求让我不可理解,再一看这几位家长都是班上最好的学生的家长。他们的孩子在各方面表现都很优秀,被树为同学们的榜样,我则几乎天天把他们挂在嘴边，表扬他们是我的家常便饭。我还曾一度很羡慕这几个孩子的家长：有这样的孩子多省心，天天被老师表扬多骄傲！这些孩子的家长也一定会非常感激我。然而眼前这场面却让我始料不及，难以接受。

后来，我针对表扬与奖励的问题作了认真的学习与研究。我认识到，表扬奖励不仅仅是对孩子的一种激励，也是一种评价，是让孩子在老师和父母的评价中正确认识和估价自己。表扬奖励的方式用得不恰当，过低达不到激励的目的，起不到进一步调动积极性的作用；过高则容易使孩子满足现状，降低要求，故步自封，停滞不前。对于年龄较小的孩子，表扬奖励适当高一些，孩子是乐意的。孩子年龄稍大一些，表扬奖励过高了，孩子就会对表扬奖励持无所谓的态度。如果对孩子的优点评价过高，对进步估计得太过分，孩子还会以为你的表扬奖励不是真心实意，弄不好会引起孩子的反感。

——《少年儿童研究》2003 年 10 期   作者：马秋香

父母对孩子的表扬也要根据情况而定。就像我们上面那个故事说的，孩子做了某个手工，在同学中间可能做得不算好，但在父母看来，已经做得很不错了，所以夸奖孩子。但孩子知道自己是怎么回事，所以不接受这种夸奖。我觉得父母在夸奖孩子之前有必要对事情有更多一些的了解。

比如孩子做工艺品，确实做得很差，这个时候父母去夸奖他,孩子就会不高兴:同学都说我做得差,你们为什么要夸? 父母应该说:虽然你做的水平还要提高,但你做得很专心,这是好的。人做什么事都要专心,这方面你做得很好。只有父母对孩子的关心是全方位的,所以没有人能完全代替父母周到的称赞。对孩子在日常学习生活中出现的好的思想、出色的表现以及点滴的进步予以具体而恰当的表扬,可以起到强化的作用,使之得以巩固、发扬,成为孩子持久的习惯。

　　有一位父亲,经常辅导孩子学习。一天晚上,孩子把父亲出的几道数学题都做对了,父亲高兴地说:"你太棒了,够得上一个数学家了。"

　　夸奖之后,父亲又出了几道数学题,满以为孩子会更努力地去做,可不料他只看了两眼就喊道:"我做不了。"这是为什么呢?原来问题就出在父亲的夸奖上。父亲用数学家的称号来称赞孩子,使孩子满心欢喜。可当他看到父亲又留下的作业题颇有难度,自己恐怕做不出来,便产生了心理压力。题做不出来,还算什么数学家呢?他不敢再做下去,怕破坏了父亲心目中刚刚形成的"数学家"形象。也有的父母和老师夸孩子做的某一件好事时总会说:"你真是个好孩子!"孩子也许就会反过来想:"那我不做这件事就是坏孩子了吗?"对身边其他没有做这件事的孩子来说他更容易产生这样的想法。所以,表扬孩子还是"就事论事"为好,只要他愿意继续把事情做好,也就达到了表扬的目的。大可不必给孩子"戴高帽",造成孩子的错觉或心理压力。

是这样。其实表扬和鼓励孩子的形式是多种多样的。除了口头表扬外,也可以用动作爱抚,比如父母摸摸孩子的头或脸,或是拥抱一下等等。

其实,每个孩子都有自己的喜好。对于表扬,有的孩子希望在大庭广众之下得到,而有的孩子却希望别在众人面前被夸奖。如您多次说过的,适合的才是最好的,应当根据孩子的特点采取不同的方式。

要根据孩子的心理特征进行表扬。但是无论如何,父母或老师的态度要真诚,要发自内心地对孩子的某些良好品行或点滴进步感到喜悦。这份爱被孩子或学生感受到了,一句简单而真诚的表扬也能使孩子心里温暖。

表扬孩子只是手段,目的还是为了孩子长远的发展。所以,在表扬之外,应该还有父母对孩子的期望。

对,当孩子受到表扬时,就会产生一种成就感、荣誉感和自豪感,这种积极的心理反应不仅会使其感到心情愉快,还能使其自信心大增。在这种状态下,如果对孩子提出带有希望性的要求与建议,会使孩子从中真正感悟到父母的关心与爱护,这是孩子最易接受别人意见的绝妙时机。因此,对孩子的表扬不能满足于对成绩的肯定,而应注意趁热打铁,在表扬中提出有针对性的希望,给受表扬的孩子以新的目标。

相关链接

　　儿童教育专家指出,对刚刚摆脱了心理困境的孩子来说,父母掌握表扬的"度"尤为重要。表扬不足会使他们自卑,但仅仅为增强其自信而不断作出过高评价,也可能将心理尚未成熟的孩子诱入自视过高的幻想中,甚至制订出完全不切实际的人生目标。

给父母的建议

● 对孩子要表扬多于批评,这是一个重大的原则。父母有个天职,要千方百计让孩子相信自己是个好人,是个幸福的人,是个充满希望的人。

● 表扬一定要准确、具体和及时。

● 父母表扬孩子要让孩子感觉到你说的是真话,因为父母本来就应该说真话。

● 表扬和鼓励孩子的形式是多种多样的。除了口头表扬外,也可以用动作爱抚,比如父母摸摸孩子的头或脸,或是拥抱一下等等。

给孩子有质量的父教

　　父亲是孩子性别角色正常发展的重要条件。家庭是孩子学习角色观念、形成角色取向、模仿角色行为的重要场所，是一个人性别社会化的第一源泉。

　　父亲是孩子智力发展的特殊催化剂。我国教育学和心理学专家对北京、山东、江苏、广西与新疆5省市区2100多名在校中小学生进行性格行为特征问卷调查分析后发现，"父亲的文化素质对子女的自制力、思维灵活性产生影响"。

　　一些研究还发现，父亲对孩子的智力发展影响很大，那些和父亲相处时间较长的孩子，容易从父亲那里获得更多的知识、经验、想象力和创造意识，有利于激发孩子的求知欲、好奇心、自信心等。

父亲的教育是不可缺少的

对于孩子来说,这个世界关于人只有两本书:男人和女人。再好的母亲都不能替代父亲的作用,就像再好的父亲都不能替代母亲的作用一样。

孙老师您好,今天我们重点来谈父教这个话题。中国有句古话:"子不教,父之过。"父亲在家庭教育中的作用,从我国的教育传统来看,其实一直都是被强调的。但是,在我们的现实生活中,很多家庭里教育孩子的任务都是由妈妈来完成的。至少从表面看来,妈妈和孩子在一起的时间最多,父母的教育理念也大都由妈妈来实施。

现实中确实有这种情况存在。一天傍晚,我从北京一所小学出来打车回家。出租车司机是个30多岁的小伙子,很健谈,主动和我聊天。当他得悉我刚讲完家庭教育课,一脸诧异地说:"儿童教育?大老爷们怎么能干这个呢?"我知道他有女儿后,不解地问:"怎么,你这个父亲不教育孩子?"他回答:"教育孩子是她妈的事,我只管挣钱。"

其实有这种想法的父亲挺多的。

我不由得想起80多年前,鲁迅先生关于创办"父范学堂"的呼吁。在家庭教育中,父教是不可缺少,也是不可替代的。这是很多为人父母者的切身感受。

因为您自己是从事教育工作的,所以作为一个父亲,在面对自己孩子的时候,会有一种教育的意识在里面。但是,我们现在要面对的是没有这个意识或是对此没有足够重视的父亲们。

其实对于孩子来说,这个世界关于"人"只有两本书:一本是"男人",一本是"女人"。父亲的教育是不可缺少的。再好的母亲都不能替代父亲的作用,就像再好的父亲都不能替代母亲的作用一样。长期以来我们的理解是有偏颇的:两性结合,有分工,男主外,女主内,家庭中教育孩子的任务全部交给母亲。这样的分工有历史的原因,经济的原因,但是是有缺憾的。

在还没有实行计划生育政策以前,许多家庭中有男孩也有女孩,很多孩子可以从哥哥那里感受男性的力量。而现在城市里大都是三口之家,如果父亲常年不在家,孩子就是生活在女性世界里。他对男性没有深刻的感受,会发生缺钙一样的精神营养不良。夫妻组成家庭,孕育了生命,生命的成长需要物质的营养,也需要精神的营养。

孩子从 5 岁到小学三年级,愿意听母亲教育的比例高于父亲很多,在三年级时达到了高峰。三年级以后,母亲教育的影响力急剧下降。到了初中二年级,愿意听父亲教育的比例已经超过了母亲。如果画出坐标图来,母亲教育是一个抛物线,父亲教育则是缓缓上升的斜线。这个现象告诉了我们:母亲们需要在孩子上小学以后不断调整教育孩子的内容和方法,不能把"养育"的优势过多地带到教育行为中来,过分的"无微不至"是渐渐长大的孩子所反感的。而父亲,则要充分认识到自己对孩子的重要影响力,尽早拿出较多的时间和精力来关注、教育孩子。

这说明,在婴幼儿时期,是以母亲对孩子的教育关心为主,孩子越小越需要精心的呵护。孩子上了小学，父母的责任各半。孩子上了中学，家庭教育就开始以父亲为主了，就是说孩子上了中学后，父亲的影响力在上升。为什么呢？因为孩子上了中学，进入青春期，母亲的教育往往对孩子有了某种束缚。因为母亲对孩子的爱往往不注意变化。孩子上了中学，母亲还是管得比较细致，而父亲的教育总体有个特点：偏于宽松，抓大放小，该严的时候真严，该放手的时候放手。这非常符合孩子在青春期成长的特点。所以说，母亲像个小学教师，父亲像个中学教师。

因此，我主张家庭教育中必须强化男性的教育。男女之间的性格有所不同，从总体上来说，母亲比较温柔，父亲则具有阳刚之气。母亲比较细致、耐心、体贴，而父亲则往往具备豁达胸怀、豪爽性格。在教育孩子上必须做到阴阳平衡。要改变男性教育不足、女性教育过剩这种状况，必须加强男性教育。

相关链接

父亲对儿童的发展影响，与母亲同等重要。母亲更多地提供给孩子温情、舒适感；而父亲则提供力量、支持与依靠。父亲对孩子的影响主要表现在品格培养、智力发展、社会心理以及坚强、自立、勇敢等品格的确立上，这是母亲在家庭教育中不可替代的。

美国耶鲁大学的科学家最近做的一项研究表明：由男性带大的孩子智商高，他们在学校里的成绩往往更好，将来走向社会也更容易成功。这项调查是他们对从婴儿到十几岁的各个年龄段的孩子，持续 12 年进行跟踪调查所得出的结论。我们并不否认女性教育的重要性,母亲以女性特有的感情细腻、做事认真仔细、性格温柔去影响孩子,通过讲故事、教唱歌、玩玩具等给了孩子很多的关怀与呵护,这是功不可没的。然而,缺乏男性教育往往会使孩子表现出多愁善感、性格懦弱、胆小怕事以及性格孤僻、自卑等特点。

父亲的教育有独特的魅力

父亲和母亲在教育孩子的方法和态度上是有差别的,尤其是在孩子升入中学后,父亲的影响力显著上升。

案例

父亲这样教育我

小时候父亲常在周末带我去山上,在漫步丛林的时候给我讲好多关于树林里动植物的新鲜事儿。其他孩子的父亲也带着他们的小孩去山里玩。当孩子们又聚在一起时,一个小朋友问我:"你瞧见那只鸟儿了吗?你知道它是什么鸟吗?"

我说:"我不知道它叫什么。"

他说:"那是只黑颈鸫呀!你爸爸怎么什么都没教你呢?"

其实情况正相反。我爸是这样教我的——"看见那鸟儿了么?"

他说："那是只斯氏鸣禽。"（我猜想他并不知道这鸟的学名。）他接着说："意大利人把它叫做'查图拉波替达'，葡萄牙人叫它'彭达皮达'，中国人叫它'春兰鹅'，日本人叫它'卡塔诺特克达'。现在你仅仅是知道了世界不同地区的人怎么称呼这只鸟，可还是一点也不了解它。我们还是来仔细瞧瞧它在做什么吧——那才是真正重要的。"（我于是很早就学会了"知道一样东西的名字"和"真正了解一样东西"的区别。）

他说："瞧，那鸟儿是在啄它的羽毛。它为什么要这样做呢？"

"大概是飞翔的时候弄乱了羽毛，要把羽毛梳理整齐。"我说。

可结果发现，鸟儿们在刚飞完和过了一会儿之后啄的次数差不多。"因为有虱子。"他说，"虱子在吃羽毛上的蛋白质。虱子的腿上又分泌蜡，蜡又有螨来吃，螨吃了不消化，就拉出来黏黏的像糖一样的东西，细菌于是又在这上头生长。"

"只要哪儿有食物，哪儿就会有某种生物以之为生。"现在，我知道鸟腿上未必有虱子，虱子腿上也未必有螨。他的故事在细节上未必对，但在原则上是正确的。

又有一次，他摘了一片树叶，我们注意到树叶上有一个 C 形的坏死的地方。"这是一只蝇，在这儿下了卵，卵变成了蛆，蛆以吃树叶为生。它每吃一点就在后边留下了坏死的组织。它边吃边长大，吃的也就越来越多，这条坏死的线也就越宽。直到蛆变成了蛹，又变成了蝇,从树叶上飞走了,又到另一片树叶上去产卵。"

同上一例一样,他说的细节未必对——没准儿那不是蝇而是甲壳虫,但是他说的那个概念却是生命现象中极正确的一条:生殖繁衍是最终的目的。

一天,我在玩马车玩具,车斗里有一个小球。我说:"爸,我观察到一个现象。当我拉动马车的时候,小球往后走;当马车在走而我把它停住的时候,小球往前滚。这是为什么?"

"因为运动的物体总是趋于保持运动,静止的东西总是趋于保持静止,除非你去推它。这种趋势就是惯性。但是,还没有人知道为什么会是这样。"这是对事物很深入的理解,他并没有只给我一个名词。父亲用许多这样的实例来进行兴趣盎然的讨论,没有任何压力而使我对所有的科学领域着迷,我只是碰巧在物理学中建树多一些罢了。

——诺贝尔物理学奖获得者费曼

我们都承认这样一个事实:父教、母教是非常不同的。父母对孩子的教育都会带上性别色彩,但他们的主要区别在哪里呢?

从教育的方式上看,男性教育往往具有以下一些特点:坚韧、大胆、果断、自信、豪爽、独立,这些特点对于女性来说略显薄弱,这就显示出了男性教育所不能替代的作用。男性倾向于自立,因此会教育孩子也要自立。父亲往往不是对孩子包办代替,而是鼓励孩子独立地处理问题。

如果我们观察生活中的父亲,会发现他们对孩子溺爱的成分比母亲少。

　　是的,尤其在孩子小的时候,这方面比较明显。我曾看到有个爸爸带孩子把孩子摔了,旁边看到的人都说这个爸爸怎么这么不小心,可是这个爸爸只是笑着说:"没事,小孩不摔长不大。"

　　我最近还看了这样一个故事:一群七八岁的小孩子在玩耍,小强的腿摔伤了,膝盖皮破了,渗出血迹,走路一瘸一拐的。他们往家里走,进了一条小巷,迎面碰到了小强爸爸,小强和朋友们一齐向他爸爸诉苦,希望能得到安慰。但小强爸只是弯腰看了一下小强的腿,没说什么话,表情冷静地走开了。小强伤心加难过,泪一下子涌了出来。大家也很有意见地说,你爸爸一点也不爱你,你腿有伤了,他也不心疼,也不像人家的爸爸那样关心地问问。只有一个稍大的孩子说,其实每个爸爸都爱自己的孩子,你爸爸虽然没理你,他心里也是疼你的,不信,咱们可以看,他走到胡同尽头的时候,一定会再回头看你的。小家伙们听了,都怀着好奇心转过身,看着小强爸坚实的背影。小强爸快到胡同口还大步在走,就在出胡同拐弯的一刹那,他果然回头寻看小强。

　　爸爸不是不爱孩子,只是与妈妈的方式不同。

　　另外男性喜欢冒险,因此父亲对孩子的冒险行为也会适当给以鼓励。如果孩子从高台阶上往下跳,母亲往往会严厉批评,可是父亲就不是这样,他会鼓励孩子。而且男性相对爱运动,喜欢带孩子去跑步、游泳、攀岩、打球,这无形中就锻炼了孩子的意志力。男性的动手能力比较强,让孩子劳动不只是扫地、擦桌子,而是和孩子一起用锤子、刀子等工具去修理东西,制作玩具,培养了孩子多方面的动手能力。

是这样。我有个作者,在谈到自己带儿子时这样说过:"家里什么东西坏了,都是我和儿子共同学习的机会,我带着他一起拆装、修理。开始孩子遇到困难很容易放弃,他妈妈也说扔了再买一件。但是我把这看成是对我和儿子的挑战,家里的电脑、电视机、洗衣机、自行车、门锁都是我自己动手修理,我也让儿子做力所能及的事情。这不是我抠门舍不得花钱,在国外我认识的很多非常著名的医学专家都曾和孩子一起修理家里的物品,他们认为这是家庭氛围的体现,我非常认同这一点,所以身体力行。"

另外,我还听到这样一种说法:男性一般比较爱下棋,常常和孩子在一起下跳棋、军棋、象棋、围棋,可以培养孩子的逻辑思维能力。这可能也有一定的道理吧。

男性从体力上说,更为勇猛顽强,母亲则表现为温柔灵巧。二者互补,孩子会感受到刚柔之别。

男女的思维方式也有很大不同。男性豪爽、刚毅、敢冒险、好动、有胆量、胸怀宽广。我们甚至会发现,跟着父亲长大的孩子,胆子大,独立性强。

我们可以在生活中观察到:父亲和母亲抱孩子的方式都不一样。母亲抱孩子抱得很紧,是种本能。而父亲抱孩子抱得很松,他有时还会把孩子晃来晃去,有时还会把孩子抛起来,或是让孩子骑在自己的脖子上。他很自信,知道不会摔着孩子。这就是父亲性格和力量的体现。

您自己的家庭中,这方面有什么例子吗?

当孩子面临重大问题,比如升学、选择职业时,也能看出父母的视角、眼界不同。

1995 年,我女儿临近小学毕业,老师通知学生父母去学校开会,内容是毕业考前动员。

坐在窄小的椅子上,我发现这个会简直像生死大战动员会。现实明摆着,想让孩子将来上大学吗?那就要让孩子上重点中学,可上重点中学不容易,前三名才有希望。一个班 50 多个学生,考前三名谈何容易?那就准备钱吧,当时的行情好像是区重点中学 5 万元,市重点中学 8 万元。不过,考分太低了,5 万、8 万也不行!可是,花了高额学费,进了重点中学的门,学生又会是怎样的心理感受呢?会不会如坐针毡、四面楚歌?

果然,女儿表示不愿去重点中学活受罪,提出要报考一所非重点的中学。这是一所全北京招生的日语特色学校,提前招生和录取。

妻子立即表示反对。她是北京大学日语专业毕业的,一直与日语打交道。她认为学日语天地太窄,将来发展空间受限制,还是主张女儿力争进入重点中学,学习英语。妻子的担心是不无道理的,学任何小语种都会受到某些限制。

于是,女儿选择什么中学成了我家的争论焦点。我的观点:第一,将有关信息告诉女儿,然后,尊重女儿自己的选择;第二,发挥优势,先生存而后发展。女儿学日语固然面窄一些,但可与母亲用日语对话,加上那所日语特色中学对外交流多,会比学英语进步快,机会多,生存能力强。

争论的结果是女儿轻松地考入了那所日语特色中学,免去了升初中的大考之苦,也免去了升高中的考试压力。女儿在中学 6 年,总的说来是轻松愉快的,成绩处于良好状态。所以,我认为我当时的坚持是对的。

从我周围所接触的孩子父母来看,您的这个做法确实更能得到父亲的肯定。

进入高三以来,学生们已进入夜以继日的拼搏时期。女儿能否进一流或二流大学难以预料,但睡眠已减少到每天五六个小时了,让我这个做父亲的很是心疼,可劝又无效,心里不是滋味。

偶尔,女儿早晨实在起不来了,对我说:"老爸,我太累了,今天的课不太重要,我想休息一天。"

我马上答应,说:"睡吧。对于一个严重缺觉的人来说,睡眠比学习重要。我给你请假。"

可能会有人指责我惯孩子,怎么能纵容孩子逃学呢?但是,我会这样做下去。请想一想吧,当一个人严重睡眠不足,不仅学习不可能好,而且可能发生精神崩溃,谁来对孩子的健康负责呢?适当的紧张是合理的,适当的压力是必要的,可如果一切都不适当了,不果断地调整怎么行?在任何时候,人都是最宝贵的。我们既要为孩子的重要考试着想,更要对其一生负责!

现在社会上有人说:像培养男子汉一样地培养儿子。我对此提出商榷。我的观点是:父教、母教固然有差别,但是,勇敢不是男人的专利,温柔也不是女人的专利。它们是人类共有的优秀品质。因此教育孩子不能是单一性别的教育,孩子既要学习男人,也要学习女人。父教、母教均衡地发挥作用,这样的孩子才会是一个现代人。

父教还有非常重要的一点,特别对女孩子来说,父亲是第一个让她印象深刻的异性,有助于她了解男人的性格和生活方式。如果父亲是个好的父亲,给孩子好的印象,就为将来女孩子和异性交往铺平了道路,打下了好的基础。对男孩子来说,父亲是第一个有深刻印象的同性。男孩子常把父亲作为自己的榜样,不承认是榜样他也是榜样。父亲怎么对待母亲,就是在告诉他如何对待异性,这既是性教育也是社会化教育。从这些角度来看,父亲的教育是绝对不可缺少的。

现代的父亲实际上有很多做法是比较超前的。我知道有这样一个爸爸,有一段时间,他的女儿喜欢上了一个男生。这个爸爸开玩笑地和女儿说,什么事这么高兴,是不是交男朋友了?多好的事,还不和老爸分享一下。他认为:孩子喜欢异性,这是必然要发生的事,是符合人性的,到了这个年纪,就会对异性产生兴趣,再正常不过了。你怎么可以去修剪人性呢?你只能让她知道有界限。他告诉女儿,初恋是人生最宝贵的情感之一,纯洁,愉悦,非常美好,但这还谈不上是爱情,只是吸引。

这就是父亲的方式。豪放中有细致,宽容中有区别。

给孩子有质量的父教是父亲的责任

有责任感的父亲，会为家庭的发展做更多的努力，也会关心孩子的成长。这种状况本身对孩子就是一种影响。

案例

在新疆，有这样一个父亲，他的名字叫陈有政。2003年，他的三个子女同时考上了博士，在当地引起了轰动。

上个世纪70年代，陈有政转业后留在新疆旅客运输公司工作。他和妻子方永玉吃过太多没有文化的亏，于是发下狠誓，再苦再累也要让自己的三个孩子学好文化。最初，他在客运公司当行政干部，一个月工资只有40多元钱，全家有五张嘴吃饭，哪有多余的钱供孩子上学？他如果当司机去跑长途客运，一个月就可以拿到80多元。可是在新疆跑长途，要翻越四季结冰的天山达坂，穿越寸草不生的茫茫沙海，最远的和田地区距离乌鲁木齐2400公里，相当于在内地横跨几个省。为了孩子，陈有政咬咬牙开起了长途客车。

长途客车一上路就是两个月时间，路途上无比艰苦，但孩子们总是觉得爸爸去出差了。因为陈有政每次都是开开心心地出门去，三个月后，即便累得憔悴不堪，他依然开开心心地回家来，还捎回天山的野果、野花。尽管他背负着沉重的经济压力,却从来不对孩子们表露,他觉得父亲的职责就是要让儿女感到生活是美好的。

孩子们陆续上学后,陈有政就集中精力辅导老大,然后由老大带老二,老二教老三。当陈有政所掌握的课本知识无法再辅导孩子功课时,他便"抓大放小",并尝试在人格上影响孩子。他常这样给孩子们鼓劲儿:"在上坡时,车不能熄火,再困难也得咬着牙往前开。学习也是这个道理。当困难被克服之后,你会感到无比快乐,这种快乐不是金钱能买来的。金钱用完就没有了,但快乐发自内心,取之不尽,用之不竭。乐观是一个人向上的动力。"他在儿女人生的最初阶段就让他们养成乐观、不甘落后的品性。

从孩子们读初中起,陈有政就分别带着他们跟自己跑长途,以磨练意志、开拓眼界。他们去塔城,欣赏夏夜的星空,观测星座,感受大自然的浩瀚博大;去吐鲁番,看高昌故城,了解新疆历史的变迁;去伊犁,看果子沟公路的发展,体会知识和科技的力量。

有一年寒假,陈有政带女儿跑从乌鲁木齐到伊犁的线路。那个寒冬,新疆大雪不断,气温降到零下20多摄氏度。陈有政也是又冷又累,却仍然不停地鼓励女儿:"别看天气现在这么冷,可是坏天气过后就是好天气。生活也是一样,总有不顺心的时候,重要的是坚定地走下去,不能因为暂时的'坏天气'影响对生活的信心。"

经过几天颠簸,他们来到天山西部的果子沟路段。这时,阴沉的天空放晴了,一轮红日从天山之巅冉冉升起,放射出万丈霞光,瞬间,雄伟的天山变得妩媚多姿。陈有政停下车和女儿一起观赏眼前的雄伟景致,女儿激动地揉着眼睛回味着父亲所说的"坏天气过后就是好天气"的含义。

这位父亲的高明之处在于,让孩子从艰苦中体验到了快乐,从而进入人生的大境界。

——选自《一个故事一堂课》

如果认真想想,不只是现在的这代孩子,这代孩子的父辈、祖辈在自己的童年时代,也是和妈妈在一起的时间更多。只要说到影响孩子成长的话题,母亲总是首先被提及。其实作为父亲,其言谈举止、举手投足也都在含蓄地传递对子女的关爱和影响。很多人在谈及自己的成功时,也总要提到自己的父亲,是父亲用行动影响了他们的一生。

很多繁忙的父亲从来都没有放弃自己的责任,他们会用有意的引导、无意的作为教育着孩子。教育是否得当不一定与时间长短有关,但一定与教育质量有关。其实我们很多父母不是不明白教育的重要性,但社会的分工,家庭成员的分工,我们所处时代的特性,决定了许多父亲不太有可能拿出大块时间与孩子相处,因此,呼吁父教的质量就尤为重要。

有些做父亲的明白这个道理,但工作太忙,所以常常顾不上孩子。我认识一个父亲,平时很忙,根本无暇教育孩子。妈妈说话孩子又不听。这个孩子学习不好,爸爸很生气,见面就教育儿子,父子关系紧张。我也曾问过他：为什么工作节奏要那么快？他说要多挣钱。可是，如果连孩子的教育都忽略了，挣钱的意义又何在？他说他也明白这个道理，但就是做不到放下工作来照顾或教育儿子。

这个问题非常现实。我有一个观点，关于亲子教育，质量比数量更重要。

质量怎么体现？

男主外，女主内，现今依然是这个状况，也有其合理性。父亲会为家庭的发展做更多的努力，这种状况本身对孩子就是一种影响。父亲能否承担起教育的责任，关键取决于理念和态度。认识到负有教育孩子的责任，你就会有办法与孩子保持一种交流。比方说的确很忙，但能不能给孩子打个电话，发个短信，留张纸条，尽量抽出时间陪陪孩子？非常繁忙的父亲，如果他懂得怎么教育孩子，他回到家里的那一天，就会成为家庭的节日。他可能会给孩子带些小礼物，回家又特别关心孩子。孩子非常敏感，他会盼着父亲回家。

也就是说，父亲的态度很重要。

教育不取决于时间、家境，教育取决于父母的生活态度。如果父亲是个很热爱生活、很乐观的人，会对孩子有非常正面的影响。

父亲不必为学历低烦恼，也不必为收入低自惭形秽。父母对孩子最大的影响是人格的影响。新疆的这位父亲在孩子心目中很伟大，因为他有信心改变命运，有勇气战胜困难。最贫穷的父亲给了孩子最昂贵的财富。

别无选择，父亲要为孩子做榜样

父亲对孩子最大的影响，是其对生活的态度和人格倾向。

案例

我的爸爸不是伟人，但他煮的咖啡是最香的，每天上学前，他都为我和弟弟煮咖啡，制作美味的早餐。

我的爸爸不是伟人，但他在我的房间里摆满了书，让我从小就养成了爱读书的习惯。

我的爸爸不是伟人，但他最喜欢听我讲笑话。我只要一开口讲，他的脸上就流露出孩子般的笑容。

我的爸爸不是伟人，但只要妈妈一声召唤，他就成了厨房最好的帮手，干活是那样仔细认真。

我的爸爸不是伟人，但他的书法是那样苍劲有力，美丽流畅。看他写字简直是一种享受。

我的爸爸不是伟人，但他以实际行动教育我男儿有泪不轻弹，虽然他有时也由于过分激动和痛苦而落泪。

我的爸爸不是伟人，但对我关爱有加，经常用温暖的手抚摸我，用柔软和潮润的嘴唇亲吻我。

我的爸爸不是伟人，但总是前往俱乐部看我打篮球，尽管他对这项运动一窍不通。我刻苦训练，用进步博得他的欢心。

我的爸爸不是伟人，尽管他不会骑自行车，但在我学习骑车时他一直在后边扶着，在我学会掌握平衡之前从不松手。

我的爸爸不是伟人，但在向别人介绍"这是我的儿子"时，脸上充满了自豪。

我的爸爸不是伟人，但童年时谁都没有像他那样耐心地给我讲故事，只要我愿意听，他都会满足我的要求。

我的爸爸不是伟人，但这并不重要！我的爸爸是个小人物，但他是一个诚实的人，是一个充满爱心的人——总之，是个好人！

——《参考消息》2005 年 2 月 7 日

作者：塞尔西奥·西奈

父母的"成长"，主要有两个方面，一个是修身，在品格上不断提升自己，完善自己；一个是学习，要读书、看报，以多种方式获取新的知识、新的信息，使自身能够做到与时俱进。

父亲修身的一个重要方面是善于与孩子沟通。调查发现，太多的父亲，不善于与孩子沟通。生硬、冷漠、过于严厉是不少父亲的通病。不能沟通，就不能理解；不能理解，就难以有针对性地进行教育引导。正如鲁迅先生所说的："孩子的世界，与成人截然不同，倘不先行理解，一味蛮做，便大碍于孩子的发达。"

任何父亲都希望孩子成为人才，有的父亲甚至希望孩子成为杰出人物。做父亲的往往把许多人生经验告诉孩子,以致成了唠唠叨叨的人。其实,父亲做了什么比说了什么对孩子影响更为深刻,因为孩子容易接受的是形象的影响,而不是抽象的教育。

我的女儿是读书狂,并且喜欢写作,还有许多独特的见解。我常常回忆,女儿是怎么迷上读书和写作的呢?难以搞清楚起于何时。不过可以确认的是:从女儿出生至今,她对我印象最深的,莫过于我在灯下读书写作的情景。

我看到过某篇文章,是采访竺可桢的儿子竺安的。竺可桢有 5 个子女,竺安先生排行第四。在他眼里,父亲对子女的教育是潜移默化式的。不讲很多的大道理,而是身体力行,给子女们讲一些故事,看一些书。兄弟姐妹五人,没有一个人继承了竺可桢的专业。他不会把子女的人生道路都设计好,而是让子女去追求个人的兴趣,去走自己想走的道路。他发现竺安的姐姐在音乐方面有天赋,喜欢音乐,就鼓励她去学音乐。竺安的二哥竺衡学习比较好,很肯动脑筋,竺可桢在其过 13 岁生日时,就送给他一个特殊的生日礼物:一个大木盒,盒盖上写着"少年化学实验室",盒里放着试管、酒精灯和各种化学试剂。得到这个礼物,竺衡可高兴了。竺衡和兄弟们一块儿做制造"笑气"的实验,虽然结果失败了,但这次失败的实验,激起了竺安对化学的兴趣,从此一发不可收拾。竺安在小学时就看了法布尔的《化学奇谈》,在初中里读高中的化学书,在高中里读大学的化学书,从小立下了志向——

长大要当化学家。

这就是父亲的教育——激发孩子的兴趣，尊重个人的选择。

相关链接

父亲在孩子眼里代表着无穷的力量与强大的依靠，父亲角色的弱化和缺失，或多或少会给孩子带来心理上的不安全感。有资料表明，平均每天能与父亲共处两个小时以上的孩子，要比其他的孩子智商高，男孩儿更像小男子汉，女孩儿长大后更懂得如何与异性交往。

打孩子是愚蠢的

家庭教育有的时候需要父亲的刚硬，需要父亲的坚定不移，但父亲如果不能恰当地运用自己的权威性，就会伤害孩子。

一位10岁的男孩，仅仅由于没有完成老师留的作业，被父亲活活打死了。可以肯定这位父亲的本意不是想打死孩子，他是想"教育"孩子好好学习，但他采用的是用钢管暴打的方式。类似的报道，经常见诸媒体。"暴力教育"发生在父亲身上的居多。还有的父亲虽然不用暴力，却整天摆出"严父"的样子，居高临下，动辄训斥孩子，从来不给孩子好脸色，也有人称之为"冷暴力"。

　　我们接到的电话大部分是妈妈打来的,就从那很少来电话的爸爸那里,我也感觉到:如果爸爸一旦管了孩子又不得法,比妈妈对孩子着急更可怕。因为爸爸对孩子更严,带给孩子的压力更大,孩子更难逃脱。

　　父亲的教育是双刃剑。有的时候需要父亲的钢硬,比如遵守家规,需要父亲的坚定不移,会让孩子敬畏。但父亲如果不能恰当地运用自己的权威,就会伤害孩子。比如孩子能力达不到,父亲非要如何如何,就可能让孩子精神崩溃。

　　您自己在做父亲方面有过失误吗?

　　我的家庭教育也是有教训的,尤其在孩子还小的时候,我还没有深入研究儿童教育,我不是一位好父亲。其中,我犯过的错误中最愚蠢的是打孩子。记得那一年,女儿才 5 岁。有一次,妻子外出办事了,我在书房写作。女儿在卧室玩耍,过了好长时间也不见她出来,我有些不放心,叫道:"冉冉,你干什么呢?过来。"

　　女儿答应着却又磨蹭了一会,才慢慢地走到书房来。她的黑眼睛一眨不眨地望着我,一副不知所措的样子。我一看便明白了,她准有个小秘密。

　　我问:"你在睡觉屋干什么了?"

　　女儿有女儿的语言,她称卧室叫睡觉屋,称书房叫看电视屋,管门厅叫吃饭屋,抓住本质特点,直截了当。我们受她的影响也这么叫着。可是,听了我的问话,她什么也没回答,还是用黑眼睛望着我,轻轻咬着嘴唇,用不多的心眼儿抵抗着我。

　　父亲的权威受到了损害,心中易燃的怒气升起来了,我放下笔，提高声音再次喝问：

"说！你刚才干什么了？"

见我发怒，她恐惧地哆嗦了一下，但依然没开口。我顿时怒不可遏，三两步冲到她的面前，一把拖转了她的身子，朝着她的屁股狠拍起来。我的手重，又下了狠劲，打得她哇哇大哭。

"说不说？不说我还打你！"

我当时的面容一定很凶恶，却仍然挥着发麻的右手掌威胁她。女儿毕竟胆小，抽抽噎噎地回答：

"我怕说了你打我，才没敢说的。"

"你说吧，说实话爸爸不打你。"

我隐隐有些后悔：女儿不敢把真实情况告诉我，这正说明我不能得到她的充分信任。我曾对不少父母说过：家庭教育成功的标志之一，是孩子肯把自己的真实情况告诉父母。

从女儿的坦白中我知道了，刚才她一直在观赏妈妈的化妆品，试穿妈妈的衣服。固然，我不赞成孩子化妆，但对孩子爱美之心的萌动，是非常理解的。在这种时候，适当的点拨与引导比什么都重要，而我却用巴掌教训了她。

在后来的研究和实践中我发现，打孩子是最野蛮也是最愚蠢的教育行为。经常打孩子，孩子最常见的结果有两种：一种是你打他，他就打别人，你打出了一个小霸王。在孩子当中有这种情况，孩子在家中受了气，他就去攻击别人。第二种结果是，你打他，打出一个胆小鬼。因为孩子太小了，你太大了，他发现你发火的样子很可怕，恐惧地形成了条件反射，你声音一高他就开始哆嗦。结果这样的孩子一出去什么都怕，见到谁都怕。我知道，许许多多打孩子的爸爸，大部分都是为了孩子好，但是后果往往不利于孩子，反而给孩子的身心造成了极大的伤害。给孩子一拳一脚,对孩子最大的伤害不仅仅是皮肉之苦,更有人格上的侮辱,他感到精神上受到了伤害,他会产生一种怨恨。所以说打孩子对孩子的发展是非常不利的。做父亲的要记住这样一句话:打孩子是愚蠢的,打孩子是没有好结果的。

有的父亲忙,回来看孩子什么都不满意,一味指责孩子。他认为他的责任就是把孩子的缺点给改过来,先挑错。

这样的父亲给孩子带来的是畏惧甚至是恐惧、厌恶。

相关链接

美国医学专家海兹灵顿指出:孩子缺少父爱会阻碍认知发展,因父母离异而缺少父爱的孩子,其认知能力与完整家庭的孩子相比差异明显。心理学家麦克·闵尼指出,一天中与父亲接触不少于2小时的孩子,比那些一星期内接触不到6小时者智商更高。大量研究资料显示,与父亲接触少的孩子,体重、身高、动作等方面的发展速度都要落后于与父亲接触多的孩子。

给父母的建议

● 在教育孩子上必须做到阴阳平衡。要改变男性教育不足、女性教育过剩这种状况,必须加强男性教育。

● 对女孩子来说,父亲是第一个让她印象深刻的异性。如果父亲是个好的父亲,给孩子好的印象,就为将来女孩子和异性交往铺平了道路,打下了好的基础。对男孩子来说,父亲是第一个有深刻印象的同性,在对同性别的认识、认同上,有不可替代的作用。所以,父亲要尽量和孩子多接触。

● 父亲不必为学历低烦恼,也不必为收入低自惭形秽。父母对孩子最大的影响是人格的影响,父亲一定要多注意自己的言行。

● 许许多多打孩子的爸爸,大体都是为了孩子好,但是后果往往不利于孩子,反而给孩子的身心造成了极大的伤害。做父亲的要记住这样一句话:打孩子是愚蠢的,打孩子是没有好结果的。

如何看待孩子的考试和分数

　　如果家里有一个正在上学的孩子，那么影响这个家庭氛围的因素除了经济状况、夫妻感情外，还有孩子的学习成绩。

　　如果孩子的考试分数达到了父母的期望值，全家人的心里都阳光灿烂，否则就愁云密布。

　　关注孩子的学习成绩是做父母应尽的责任和义务，但是过分关注孩子的学习成绩反而会影响家庭教育效果。

不能以分数高低论英雄

考试是对学生的学习情况进行检测、评价的一种手段。考试的目的应该是让学生看到进步，找到不足，从而激励其更好地学习。

考试是一个沉重的话题。有很多家庭教育方面的问题都是因孩子的学习和考试而来。那么，该如何正确对待考试和孩子的分数呢？

公正地说，考试本身并没有罪过，而且无论教育怎样发展，都不会取消考试这一检验师生教与学效果的手段。关键是考什么，怎么考，利用考试干什么，以及怎样对待考试成绩。因此，对待考试，父母和孩子都应该保持一种良好的心态。

过去，人们常说"分分分，学生的命根"。如今，这分数似乎也成了不少父母的命根。

但如果父母和教师都是目中只有分，只以分为本，就必定不能尊重孩子，正确地评价孩子。

这样的分数，我们要它何用呢？

现在，许多父母只重视孩子的分数，却忽略了孩子心理素质的培养和孩子的全面发展。孩子放学一进门，父母第一句话就是问"今天你考多少分？"有个孩子语文数学两门考了180分，教师要求父母在卷子上签字。第二天，教师问起这件事，那个孩子说："字是签了，但昨天晚上，我挨了一顿'男女混合双打'。"过去是"单打",现在是"该出手的都出手"了,爸爸妈妈谁都不能原谅他,因为他少了20分。

　　其实父母也不想用打骂的方式,但可能真的找不到行之有效的方法。

　　下面这对父母的做法值得借鉴。他们的儿子学习较差,过去每当孩子考糟了,夫妻俩就互相埋怨,还训斥孩子是笨蛋,结果孩子学习越来越差,有一天这孩子终于考到全班最后一名。孩子的爸爸转念一想:心烦也没有用,不如换一种心态试试。他接过儿子的试卷微笑着说:"考了全班最后一名,太好了。"听惯了训斥的儿子吃惊地看着爸爸:"您是不是有病了?"他说:"爸爸没病,一个跑在最后的人再也不用担心有人会超过他了,他还有负担吗?所以,你只要往前跑,肯定就有进步!"儿子大受启发,是啊,龟兔赛跑乌龟还能跑第一呢!于是心情也放松起来,第二次考试就甩掉了最后一名的帽子,继而跃居中游。爸爸则每次都高兴地说:"太好了,你肯定还会进步。"当儿子考到第六名时,爸爸说:"太好了,儿子你真了不起,离第一名还差五米远!"

　　考试是对学生的学习情况进行检测、评价的一种手段。考试的目的应该是让学生看到进步,找到不足,从而激励其更好地学习。因此,对学生一定不能以分数高低论英雄。现在看学生的学习不能单看班级排名,关键是要看学习意识,看他是否养成了主动学习的兴趣和习惯。

相关链接

　　心理学家海勃早在1949年就曾将人的智力划分

123

为"智力 A"和"智力 B"两个概念。"智力 A"是潜在的、尚未得到表现的智力,"智力 B"是个人通过与周围环境发生相互作用而已经展现出来的智力。有些人虽然从外在表现上直接观察到的"智力 B"并不高,但不能由此认为他们的智力水平低,因为他们的"智力 A"是否低下至少还没有证明。这是要求人们用动态和发展的观点看待孩子的一个有力的理论依据。有些孩子智力表现不佳,只是因为主客观条件不利,致使其"智力 A"暂时还没有展露而已。

爱孩子是没有条件的

要让孩子以高分数、好名次来换取父母的爱,这不是真爱。重要的是把孩子从分数和名次中解放出来。

案例

就在初二那年,"不识愁滋味"的我,第一次尝到了苦涩的滋味。早就听说,女孩子的空间思维和想象能力相对差一些,所以学习平面几何可能会比较吃力。起初,我也没把这番话放在心上,可随着知识体系的一步步综合化、复杂化,我开始渐渐地感到有些力不从心了:上课时的反应不如以前快了,解题速度也慢了下来,甚至老师讲解了好几遍的题目,我却还是云里雾里;常常对着一道题想了半天,却一点思路也没有。我开始对自己产生了怀疑:难道就因为我是女孩子,就注定学不好几何?

一转眼,快要期中考试了,我始终没能摆脱这样的阴影,潜意识中的惧怕像魔咒般缠着我,怎么甩也甩不掉。带着一种莫名的、焦躁不安的情绪,我走进了考场。考完,拿到成绩单的一刹那,天哪!64分,破天荒地创下了我有史以来的最低纪录,我仿佛一下子从天堂掉进了万丈深渊。失落和沮丧几乎要把我吞噬,我不断地在心里问自己:我还算是个优秀的孩子吗?爸爸妈妈看到这个分数会多么失望啊!晚上还要开家长会……我感到一种无形的压力,憋得我快要喘不过气来。从学校到家,我仿佛走了几万里路,等待着即将到来的审判。刚进门,爸爸妈妈一见我的情状,立刻猜出了八九分。"怎么,是不是考得不好啊?"妈妈关切地问道。我低着头不吱声,从书包里拿出数学考卷递给他们。看到试卷上的分数,妈妈先是愣了一下:"这次考得不太理想嘛,是什么原因找过没有啊?"爸爸虽也略带几分失望,却还是心平气和地问我:"是不是这次的题目很难啊?我们一起来分析分析,好吗?"看着他们关切的眼神,我再也按捺不住心中的内疚和无助,一头扎进了妈妈的怀里,眼泪不听话地涌了出来。"妈妈,我这次考得那么差,大概以后再也学不好几何了,怎么办啊?"这时,我感到一只温暖的手轻轻地摸着我的头。"怎么会呢?哪有这样的事啊!可不能就这样随随便便地否定自己哦。"妈妈柔声安慰着我。"不是的,我就是觉得好难啊,好多题目想来想去就是不明白,辅助线也不知道应该怎么添,那些定理都背了,可做题时却好像都用不上……"我一边抽泣着一边说。"我想你可能还是一些基本概念没有弄清楚,这次发挥得不够好,还有下次嘛。"爸爸也在一旁鼓励我。"可是……"我似乎还是没办法原谅自己,晚上还有家长会呢,爸爸妈妈一定会很难堪的。

之后的几天里,我还是没有从这次失败的阴影中走出来,见到平时最喜欢我的数学老师——孙老师,就像老鼠见猫般地躲躲闪闪,与周围的同学也少了以前那般谈笑风生。唉,再过几天就是我的生日了,往年的此刻,我一定最兴奋了,可是今年,我却没能交上一份令大家满意的答卷。对于今年的生日,我不敢再抱有任何的幻想了……

生日那天,我像往常一样回到家,拿出作业本开始写作业。不知过了多久,忽然传来一阵门铃声,我连忙赶去开门,只见妈妈微笑地站在门外:"你看看,谁来了?""啊,孙老师!……"我惊讶地叫了出来。孙老师笑着轻轻拍了拍我的肩膀:"怎么,考砸了就连老师的面也不敢见啦!""我……""好啦,有困难我们一起来解决,好不好?"

在我的房间里,孙老师耐心地给我讲解习题,认真、投入的态度丝毫不亚于平时的讲课。

"开饭啦!"门外传来了妈妈的喊声。"好的!"我一推开门,哇!我简直不敢相信自己的眼睛,好大的一个生日蛋糕啊!"生日快乐,我的小寿星!"爸爸笑着向我敞开了他宽大的怀抱。爸爸的体温,就像一股暖流,涌上了我的心头。伴着温馨的生日歌声,我点燃了蜡烛。星星点点的烛光中,他们的眼神分外明亮,从中我似乎感受到了一股强大的力量,满溢着关爱与温暖。我强忍着泪水,一口气吹灭了蜡烛……"小慧,在学习和生活中,一时的失败和挫折并不可怕,在哪里跌倒,我们就在哪里爬起来,好不好?""要始终对自己充满信心哦,没有什么东西是学不好的,只要你相信自己。""嗯,我会的,我会的。"我使劲地点着头。

后来,我才知道,就在那天晚上的家长会后,爸爸妈妈单独找到了数学老师。为了让我重拾信心,他们一起精心策划好了今天的活动——是他们,送给了我这份最珍贵的生日礼物。

——《少年儿童研究》2006 年 1 期　作者:高小慧

本来,考试和分数是对学习状况的某种评估,不是目标,很多父母将其当成了追求的最终目的。当然,重要的考试成绩是会影响人的命运,但学习的需要和习惯对人却有终身的影响。

一般来说,人有四种学习需要,即认知需要、发展需要、报答需要、竞争求胜需要。

认知需要是以学习本身为目的的需要。用美国心理学家奥苏伯尔的话说,认知需要是"要求知道和理解(事物),要求掌握知识以及系统地阐述并解决问题的需要。"也就是说,认知需要是直接指向学习或知识本身的。

发展需要主要反映学习者自我发展和自己成长的需要,是除认知需要以外的学习的主要动力,它使那些难以直接给学习者带来认知快乐的学习活动可以坚持下去。竞争求胜需要主要反映了学生把学习作为竞争的手段,从而提高自己在群体中地位的需要。竞争求胜需要的存在,是自尊不能满足的结果,如自身接纳程度低,伙伴关系不和谐,在家庭中感觉不良,不能得到父母的理解与尊重,得不到老师的欣赏等等。

显然,从学生的前途和幸福着想,应当鼓励和表扬认知需要,认可和鼓励发展需要,反省报答需要产生的原因,争取消除产生竞争求胜需要的根源。因为认知需要是最稳定的学习需要和内在动力,更重要的是,认知需要的满足,是人类生活的快乐源泉之一,是其他任何一种满足都无法替代的。

重要的是孩子的认知需要,也就是说,学习兴趣和对学习的热爱高于一切。父母不要急功近利。

对。不必过于计较孩子的分数高低,而要关心他对成功的感受。如果孩子遇到学习方面的困难,更需要父母与教师的鼓励和帮助,其中最有效的方法是用成功导致成功!

有些父母就是这样,孩子考试得了高分,争了头名,就欣喜若狂,"爱"也就比比皆是。一旦名落孙山了,代之以"爱"的就是讽刺和挖苦,因为这太让他们做父母的失面子了。这就是功利之爱吧。

这是一种扭曲的爱,也就是说,要孩子以高分数、好名次来换取父母的爱,这不是真爱,真爱是没有条件的。但是,只有真爱,才会让孩子刻骨铭心,终身受益,而虚假的爱、功利的爱有可能引发危机,成为一种隐患。

忠告天下父母

天津市文联一级作家苏杭是 2002 年全国"更新家庭教育观念"宣讲团成员之一。苏杭是坐在轮椅上的母亲，可她，在家庭教育上怀有一颗珍贵的平常心。有一次女儿刘苏因为社会活动多考试成绩不理想，她怕妈妈知道后会加重病情，禁不住哭了。苏杭对女儿说："如果我只凭你的分数论定你的成败，那我就是个糊涂的妈妈；如果我靠你的高分来安慰自己的病体，那我就是个虚荣的妈妈。学习是个漫长的过程，岂能尽如人意，我分明看见我的女儿正在追求全面发展的人格。"

上四年级时，刘苏有一段时间考试成绩连续下降，她的自信心受挫，她对苏杭说："妈妈，看来我将来只能去扫马路了。"苏杭真诚地教育刘苏："女儿，将来你当了博士后是我的女儿，你扫马路也是我的女儿。到时候，就让你爸爸用三轮车拉上我，把做好的热菜热饭送上马路。只要人品好，扫马路也能扫出一个光明的世界。我们做父母的哪能用功利思想和势利眼来威逼孩子呢？"刘苏因为有了平和的心态，学习成绩稳步上升，并持续名列前茅。

如何才能让我们更多的父母放弃这些功利之爱，而呈现给孩子更多的真爱呢？

这就要看我们是"以人为本"还是"以分为本"。我认为，最重要的是把孩子从分数和名次中解放出来。

应试教育在中国布下了天罗地网，谁也休想完全逃脱。因此，我女儿虽然选择了非重点的日语特色中学，也时常为考试成绩及名次所辛苦，所劳累。是的，大家都在比名次，你怎么潇洒得了？

坦率地说，女儿的学习成绩并不优异，有些科目还挺弱，但我认为女儿已经努力了,是个好学生。自然,她也惶惑过、懒惰过、叛逆过,但对一个青春期少女来说,这些不是都很正常吗?即使一个成年人,一个有相当社会地位的人,也未必不出现类似问题,为何苛求于一个孩子呢?

于是,我不怎么在意女儿的考试分数和名次,尽力缓解她在考试期间的紧张心理。

有一天晚上,我和妻子请女儿去看芭蕾舞剧《天鹅湖》。

正在读初二的女儿一听,马上拒绝,说:"我不去,明天考物理呐!"

我拍拍她的背,说:"看《天鹅湖》比考物理收获大。再说,学物理也不差一个晚上,能考多少算多少嘛。"

女儿终于去了剧场,可在大幕拉开之前,手里还紧紧攥着物理书。那天看演出,李鹏总理坐在我们的后几排。我真想对他说,看看今天的学生吧,这样的教育不改革怎么行?

久而久之,女儿习惯了将自己绑在书本上,而将其他的事视为与己无关。

一天晚饭后,我叫女儿刷碗,她马上叫了起来:

"你叫我刷碗,我考不上大学怎么办?"

我说:"考不上大学可以,不刷碗不行!"

当然,这样的对话含有玩笑成分,但也蕴藏着严肃的道理,即人不能变为学习机器,也不能将学习视为一种可以排他的特权,而应当过正常人的生活,履行正常人的职责。

　　学习兴趣和习惯比成绩名次重要。不要计较一时得失。主动学习是真正有效的学习。

也许,钱学森童年的一个例子,可以说明从小养成认真的习惯有多么重要。中国科学院院士张维是清华大学教授,也是钱学森的小学同学。他回忆说:1920年秋,我由市立小学转学考入北京女子师范附小(当时俗称女附小,现北京第二实验小学)三年级,与钱学森同班。那个时期在男生中喜欢玩的一种游戏是折叠纸镖,比谁的镖扔得远。具体地说就是用一张约30厘米见方的彩色纸,沿对角线对折,将两个半张纸再折两次,尖头对在一起,形成一个箭头样的纸镖。在操场上大家站在一条线上,向前扔纸镖,看谁的镖飞得远。每次比赛,钱学森的镖总是飞得最远。什么缘故?大家发现他做的镖折叠得十分规整,对称而精致,投掷时镖出手的仰角适当,因此他扔出去的镖直线飞向前,不左右偏或摆动。

事情过去近80年了。现在回想起来,钱学森在幼年做游戏时就肯动脑筋,做起玩具来也是非常认真,会思考如何做得质量好,这与他后来在治学中的严谨作风和学术上的卓有成就是有因果关系的。

考试成绩不是衡量孩子是否聪明的唯一标准。聪明的父母对孩子的学习要求是:只要自己尽力就行了。

关键是学习态度要端正,要有一个良好的学习习惯。有位父亲说得很好:我也很重视甚至在乎孩子的成绩,因为成绩会让我简单地了解到孩子的学习状况。但我更重视的是孩子答题的质量和学习的质量。我不唯分数,当我的孩子考试结束后,我会问:"你尽力了吗?"当看到孩子一脸认真的时候,我更多的是给予肯定。

分数可以成为孩子的隐私

将学生的学习成绩视为个人隐私，不仅仅是一种教育艺术，更重要的是对儿童人格的尊重，是对他们自尊心的保护。

> 分数可以成为孩子的隐私，是您的一个比较有争议性的观点。很多人赞成，也有人反对。您自己怎么看待这些不同的声音？

据悉，有些发达国家已将学生的学习成绩视为个人隐私，而隐私自然是不能公开的。我想这不仅仅是一种教育艺术，更重要的是对儿童人格的尊重，是对他们自尊心的保护。同时，这样做的结果会把学生的注意力从分数上移开，引导到分析总结等学习能力上来，从而真正地调动学生的学习兴趣。

无论学生成绩高低，都应该保护其人格尊严。分数是重要的，比分数更重要的是学习，比学习更重要的是做人，因为只有真正的人才会真正地学习。

期末考试后的一天，北京一位初中三年级的独生女垂头丧气地回到家中，悄悄地走进自己的房间，好长时间没有出来。

父母当然关心孩子的学习。前些日子，女儿早起晚睡，甚至连星期天也去上课，如此辛苦，奋斗的结果谁都想知道。可是，瞧女儿闷闷不乐不想见人的样子，父母决定先不问她。吃晚饭的时候，女儿沮丧地请求："爸妈，你们别看我的考试成绩了，没考好，看了怪伤心的。"

父亲马上答应了，说："好吧，不看分数，分数也不重要，重要的是总结经验教训。"女儿的眼睛亮了一下,显然,心情放松了许多。

这样的父母才是真心考虑孩子感受的父母。

> 现在不少学校、班级在考试结束后,常根据学生
> 各科总成绩的高低排出学生的名次,父母也常常根据
> 它判断孩子学习的优劣。

其实,这种方法只是学生学业水平的一种粗疏的表示,存在着许多缺陷。首先,从教育测量学的角度看,各学科试卷在题型、题量、知识点分布、难度上各不相同,所以把各科试卷成绩相加本身就抹杀了这种差异,不可能真正反映一个学生在团体中的位置。如果父母再以此为标准来判断孩子学业的优劣,只会把孩子误导到畸形发展的旋涡中去,所以建议父母们不要笼统地看待名次,而应代之以对具体学科成绩的具体分析。

> 成绩按名次公布只会让那些成绩不错的孩子和
> 父母高兴。可是也有人认为:学校成绩的排名,是为了
> 给考分低的学生及父母多一些压力。

这完全是一个误区。我们在独生子女人格研究中发现,在较大的学习压力下,孩子难以做到努力学习,更难以产生成就需要,却容易刺激个人表现需要,即进一步扭曲其学习动机。这绝对是孩子学习的灾难。

133

调查发现,对于公布考试结果的做法,哪怕只是公布考试成绩的等级(A、B、C、D、E),70%的中小学生都会感到紧张、害怕或讨厌。

人的差异性决定了世界的多样性

　　人类发展有它自身的规律,凡事要顺其自然。人是有差异性的,孩子是千差万别的。家庭教育中,父母最重要的责任是让孩子懂得做人的道理,使他们有平常的心境。

案例

　　当孩子在考试或竞赛中拿满分,或取得了比较好的名次时,各位爸爸妈妈,你除了表示祝贺,是否还会向他探问:全班共有几个满分?谁谁(你所熟知的优秀生)得了第几?

　　坦白地说,我是几乎每一次都这样问,倒也不是特别看重分数和名次,而是为了激发孩子的竞争意识。孩子好像也很配合我的"调查",每次都会把她所知道的情况如实汇报。有时没等我问,她就主动说:"妈妈,这次就两个考100分的!"类似的情景很多,我一直没有感到不妥。直到昨天，很偶然的一件小事给我敲起了警钟，促使我反思自己的做法。

下午放学回来，女儿注意到我放在柜子上的一张证书，顺手打开把内容读了一遍，羡慕地说了句"妈妈真棒呀"，而后她紧接着问道："妈妈，你们单位几个人得这个奖呀？""就妈妈一个。因为妈妈是负责这项工作的，所以只有妈妈才有参评机会。"我向她解释。不想女儿并不罢休，继续追问："那全省一共有几个人得这个奖？"我感觉有点不对劲，但还是回答说："那可多了，100来人呢。""啊？那么多人呀？！"女儿立刻显出一副非常失望的样子，撇撇嘴嘟囔着："还以为就几个人得呢！"之后把证书一丢，走开了，全然不见了刚才的羡慕之情。

我有些不解，问女儿怎么想起问这些，又为什么失望？女儿漫不经心地答道："就是问问啦，我每次考完试你不也问我吗？每回我考了100分你都问我全班有几个，要是考100分的特别少，你好像就特别高兴。"

天哪，孩子怎么会这么想！我心里"咯噔"一下，恍然悟出她问话的意味，原来都是受了妈妈不经意的"误导"，形成这样一种不良的心理暗示：仿佛得奖的越少，妈妈的奖才越"宝贵"；得奖的这么多，妈妈的证书就不"值钱"了。联想到我平时过问孩子的分数，不也好像是在证明：100分的越少，女儿的"含金量"才越高！

我一下子觉得问题很严重。我希望孩子有竞争意识，但绝不允许她在竞争中容不下别人，而我的做法很容易向孩子传达一种错误的信息，即认为自己的优秀一定是建立在别人的差劣上,自己的"好"要以别人的"不好"来作为代价。长此下去,她可能会不习惯接受他人的优点,会滋长嫉妒心,同时也不能做到正确客观地估价自己。而我一直期望孩子能有一个好心态,健康、快乐、明朗地生活。

为了"掩饰"我的错误,消除女儿隐约的负面心理,我这样对她说:"妈妈这么问,是为了了解你们全班的整体情况,如果得高分的很多,就说明你们班同学都很聪明,学习风气也好,妈妈才放心啊。妈妈希望你们班的每个同学学习都好,每个同学都进步。那次家长会上,某某同学的妈妈讲到她孩子的进步,妈妈不是也跟着激动得哭了吗?妈妈也为你同学的妈妈感到高兴啊。"想了想,我又接着给她讲:"一花独放不是春。一个班级就是一个小花园,每一朵花都有不同的颜色和形状,只有都开起来的时候才漂亮,才多姿多彩。同样的道理,一个人两个人的好也不算好,只有你超过我,我超过你,这样的好才是'前进的好',才是真正的好。也就是说要先接受别人的好,再去超越别人的好,这样自己才能有真正的进步,同时喜欢接受别人优点的人,也才会成为一个可亲可爱的人。"

值得庆幸的是,女儿总还算是比较单纯的孩子,听了我的话,她说:"如果谁都没有你好,那就没有榜样了,也不会想着去超过别人了。"我连忙表扬了女儿。

我想我的这番话,在以后的学习和生活中,孩子还会有记起的时候。而当我再遇到孩子拿了好成绩回来,除了由衷地为她高兴,决不会再像先前那样探问了。

——《少年儿童研究》2006 年 4 期　　作者：张立英

有的父母望子成龙心切，一旦孩子考试成绩不好，就不加分析，轻则训斥，重则打骂，这实在是做父母的一大过错。

考试成绩并不是衡量孩子水平高低的唯一标准，即使门门功课考试都优秀，也并不等于孩子一定有创造性。

如果翻开科学技术发展史，你就会发现，许多大科学家在少年儿童时代并非都是考试成绩优异者，而且有时成绩很糟，李比希就是其中的一个。李比希在校时，一天老校长走到他面前，说："你总是这样的成绩，不但老师没有办法，也对不起你的父母啊！"接着又问："你将来打算干什么？"李比希理直气壮地回答："我想当一名化学家。"话音未落，全班学生顿时哄堂大笑。事实却证明，李比希是聪慧而又有志气的孩子，经过不懈努力，他终于成为德国的一名大化学家。生物学家达尔文小时候的学习成绩很差，遭到教师多次训斥。他在日记中写道："不仅老师，父母也都认为我是个平庸无奇的儿童，智力也比一般人低下。"大名鼎鼎的牛顿，在小时候曾被称为"笨蛋"。15 岁时，母亲对他绝望了，一度让他退学到乡下种田。可见，如何看待孩子考试成绩，是应引起父母深思的。

人类发展有它自身的规律，凡事要顺其自然。人是有差异性的，人的差异性决定了世界的多样性。俗话说：三百六十行，行行出状元。家庭教育中，父母最重要的责任是让孩子懂得做人的道理，使他们有平常的心境，因此平时给孩子订的目标，应该是跳起来能够得着的目标。

有些父母刻意追求十全十美。孩子考了99分,还受到指责:"那一分为什么就拿不到?"只有看到满分才称心如意,结果只会事与愿违,给孩子造成沉重的心理负担。

　　父母如果对子女期望太高,不是关心孩子的学习方法是否科学,学习过程是否有效率,或者这项学习是否适合孩子,而是只关心成绩和名次,有的甚至在孩子取得了好成绩时,还不断地提醒孩子还有不足,这个错误不该犯,那处丢分不应该。这样会让孩子对自己没了信心,在面对考试时,更多的不是去想如何提高学习的效率,而是担心不能实现父母的期望,不能有好的成绩,结果可想而知。

　　教育是一门科学,也是一门艺术,希望我们的父母正确地看待分数,利用分数发现孩子学业发展中的各种情况,及时进行相应的教育。孩子考试后父母最高兴的就是看到 A⁺(100分),全对;如果没有,哪怕是 A(99分),父母也会紧抠住做错的那道题狠狠地指责孩子:这个字昨天才学的怎么就不会写被扣了一分呢?乘法口诀天天背,怎么连这道题都做错呢?然而一个字不会写,一道算术题不会做,会影响孩子的终身发展吗?孩子对小学课本的某个知识点暂时不明白,不要紧,不用父母指责,不用父母再苦苦相逼地教,随着学习能力的提高,孩子很快就会懂的。

　　孩子考试后,有时分数很接近,特别在小学阶段。我们常常听到父母对孩子埋怨:你看人家××,这次语数考了"双百",可你连一个100也没拿回来。

在一个团体中，人们总会有好、中、差之分，而中间状态的人占绝大多数，好的和差的在团体中所占的比例很小。从统计学角度看，细微的差别，就学业水平来说没有明显差异，所以建议父母们不要为这微不足道的差异对孩子横加指责，因为这样反而会加重孩子的心理负担，引起过度的考试焦虑，影响认知的发展。

相关链接

一

《哈尔滨日报》2004年8月16日报道：哈尔滨南岗区利兴小区院内，一个男孩和父亲先后从8楼坠下，父子二人全部死亡。

警方调查后得知，坠楼的二人系父子关系，儿子12岁，父亲39岁，二人是从8楼坠下的。警方在中年男子的身上发现了一封遗书，遗书中写明：其子学习成绩不佳，他对孩子失去了信心，认为生活没有出路，有意和孩子一起告别人世。

二

《中国青年报》讯　在应试教育的重压下，家庭教育出现失衡。这是共青团云南省委、云南省少工委对该省129个县市区的未成年人进行的调查显示的。据悉，该调查回收有效问卷63501份。

"望子成龙"、"望女成凤"，为人父母者天下同心。但这种期盼的重心，在大多数家长的心目中已从德才兼备向"更重学习成绩"偏移。调查问卷中，当父母回答"您考虑孩子前途时最为关心的问题是什么"时,比例最高的是"学到知识",占 80.6%;其次才是"良好的行为习惯",占 43.9%;身体健康占 37.3%。

同时,调查问卷问及"您认为好孩子的主要标准是什么?"家长的回答前 3 项依次为:"学习成绩好"占 50%,"道德品质好"占 36.2%,"身体好"占 27.8%。有近一半的家长要求孩子进入高一级的重点学校。这表明,父母评价孩子的首要标准是学习成绩。

有关专家分析,父母对孩子学习成绩的期望过高,有的连一次小测验都要看名次找过错,往往会给孩子造成难以承受的心理压力,扭曲孩子的人格,造成孩子厌学、逃学,甚至走上自杀之路。

父母要学会对自己的孩子做具体分析

分析孩子的学习水平、智力因素、非智力因素、学习方法,通过这样的分析,找准了孩子学习中的问题和原因,也就有了解决的办法。

我是一个很平常的妈妈,我的儿子也是一个极一般的孩子,现在读小学六年级。

从孩子二三年级开始,我和丈夫就发现我们的儿子远不如我们自己认为的那般聪明和优秀。在儿子经历的大大小小考试中,他的成绩基本上属于中等或中等偏上。班主任老师曾找过我几次,要我能积极配合,使孩子能成为班上的尖子生。我全身心地投入,但收效甚微,不管我用什么方法,都不能使儿子在作业之外多写一笔。在许多次无奈与冲突之后,我望着已经进入梦乡的儿子,一种无以名状的爱怜和自责弥漫开来。抛开"学习"这个标杆,儿子其实是一个十分可爱的宝贝。他的真诚和善良,一次次让我这个母亲感动不已。

儿子上一年级的时候,一个大雪纷飞的日子,我下班后去接他,但比规定时间晚到了十分钟。校门口稀稀落落地站着几个孩子,我一眼就看到了儿子,他那红色的防寒服在雪中分外醒目。

我赶紧跑过去,一边从他手里接过书包,一边说:"对不起,妈妈来晚了。"我拉起他的手就要走。儿子转过身看了看身后的伙伴,对我说:"妈妈,我想等她们走了,我再走。"这时,我才注意到儿子身后的两个小女孩。我有些明白儿子的意思,就说:"好吧,我们再等一会儿。"还好,一位妈妈匆匆赶来,接走了自己的女儿。

雪在短暂的停歇后又纷纷扬扬地飘起来,我把孩子们领到学校门口的房檐下。剩下的那个小女孩明显地焦躁不安起来,我也一遍遍地看着表,儿子拽着我的衣角说:"妈,把王晗带到咱们家去吧?"我对儿子说:"这样恐怕不好,万一她的爸爸妈妈来接她,找不到她会更着急。""那我们就等吧!"儿子一边说一边使劲地把帽子拉下来盖住耳朵。校门口只剩下我们三个人了。终于,在越来越大的风雪中,一辆小汽车停在我们面前,王晗的爸爸一边不停地感谢我们,一边把女儿拉进车里。我望着在风雪中冻了半个小时的儿子,心里一阵感动。我摸着儿子红红的小脸,心疼地问:"儿子,冷吗?""还行。""你真是个好孩子,这么关心同学。"儿子有些不好意思了,轻轻地说:"我怕她们害怕,她们是女生。"我望着颇有男子汉气概的儿子,心里很自豪。

后来,一次老同学聚会,我的教育理念真正地发生了质的变化。

那次同学聚会,我见到了几年未见的好朋友静文。她和她老公都已读完博士,真让我们羡慕不已。女人间的话题很快扯到孩子身上,我们几乎一致推断博士的下一代一定是个出类拔萃的孩子。可让所有人感到意外的是静文的儿子现在上小学四年级,数学、语文的成绩基本都是80多分的水平,英语还要差一些,在班上属中下等。因为从小在乡下让奶奶抚养,所以他更喜欢大自然,鸡鸭牛羊、山川大河是他的最爱。孩子的老师也曾找过静文,希望她的孩子能努力进入班级的前列,毕竟一对高智商的父母,顺理成章应有一个高水准的孩子。

静文并未像我当年那样,马上全身心地投入到改造孩子的浩大工程中去,她只是稍稍规范了孩子的一些习惯,至于成绩,并未放在心上。我很是不解,问她怎么如此想得开。静文反倒问我："为什么我儿子就得像我一样或是比我更强呢？他只要身心健康，就会有自己的幸福生活。"这话让我反思了很久，我们儿时拿过几个第一，有几项特长，被评上过几次三好学生？如果我们没有，凭什么我们的孩子就一定得有呢？我们家曾经为儿子的单元测试是 88 分还是 90 分而硝烟四起，我曾经为儿子与他爸爸在一起多讨论了一会儿电脑游戏而对丈夫耿耿于怀，我为陪儿子学奥数而放弃了英语等级考试。为了孩子，我曾变得像怨妇一样唠叨不止，孩子的成绩就是我们家的晴雨表，我和丈夫的关系也因此而一度紧张。

现在，我明白了作为一个妈妈到底该如何看待孩子的成长，该以怎样的标准评价他们。现在我的工作因为少了许多不必要的牵挂而更有成绩。我与丈夫也有了更多的时间进行沟通，我们全家经常利用周末外出，孩子的学习并未因此而受到影响，生活过得充实而快乐。

——《少年儿童研究》2004 年 12 期　　作者：甘延清

这个妈妈的做法值得许多父母效仿。可惜我们面对的是相当多的对孩子的分数非常计较的父母。

父母重视孩子的考试分数是可以理解的，因为分数毕竟是学习状况的一种重要反映。但是，如果采取简单化的做法，那对于指导孩子的学习没有好处。

"快考试了，好好复习，争取双百（或双优，或达到××分），考好了有奖励。如果考不好，你什么也甭想。"

"把成绩单给我拿出来……就考这成绩呀！我看你越来越没出息了！"

"你上次考的比这次分数高，我看你越活越抽抽儿！"

"从明天开始，你不许玩儿，只能给我好好念书，什么时候分数上去了，什么时候再玩儿。"

类似的语言可能许多父母都熟悉的吧。

其实，哪个孩子不想考高分啊！可他们往往不知道自己的问题出在什么地方，怎样做才能学得好。父母只是训和骂，孩子仍然稀里糊涂；有的孩子确实整天在做作业，很少玩儿，但分数仍然上不去。分数是个现象，父母应该动脑筋分析分数背后的诸方面原因。

对学习成绩上不去的孩子，父母应该采取什么具体的办法帮助他们呢？

可以对自己的孩子做具体分析，分析孩子的学习水平，分析孩子的智力因素，分析孩子的非智力因素，分析孩子的学习方法。

如果父母能够如上所述去分析孩子的学习状况，就不会只拿分数来说事儿了。而且，通过这样的分析，找准了原因，也就有了解决的办法。有些父母简单地对孩子说："这次必须达到××分。"这样，除了增加孩子的思想压力，解决不了具体问题。应该指导孩子分析薄弱环节，订好计划，改进方法，越具体越好。当然要以孩子主动思考为主，不能强加给他。

父母应该主动去请教班主任老师和任课老师，越是找不准孩子学习方面的问题，越要及时找老师讨论，请老师出出主意。

有的老师分析不透没关系,还可以请教更有经验的老师。

父母明白了分数背后有很多因素,就可以改变看成绩单和谈论分数的方法。考试过后,不会再天天催问:"成绩单发了没有?"

孩子把成绩单给父母看,父母应保持平静的态度,可以说:"你主动把成绩单给父母看,很好。咱们找个时间具体分析分析这次考试情况,好吗?"

孩子迟迟不把成绩单拿出来,可以启发他:"这次考试应该总结一下,你先考虑考虑,今天或明天晚上咱们一起分析分析。"

孩子成绩不好,不要简单责备,而应采取理解的态度:"这次没考好,咱们再努力。你自己总结总结经验教训。什么时间咱们一起讨论讨论?"

这些都是不难做到但对孩子很有帮助的方法。

父母应该在孩子的学习中引导他培养和发展学习的能力,而不要把目光只盯在考试成绩上。孩子是在一个个失误中真正得到进步的,家长如果能够引导孩子爱学习进而会学习,这就够了。

给父母的建议

- 对孩子一定不能以分数高低论英雄。父母老师看学生的学习不能单看班级排名,关键看他有否建立起主动学习的意识,因为今天的学习,不是让孩子读课本,而是让他们学会培养自己学习的能力。
- 不必过于关心孩子的分数高低,而要关心他对成功的感受。

● 无论学生成绩高低,都应该保护其人格尊严。分数
是重要的,比分数更重要的是学习,比学习更重要
的是做人,因为只有认真的人才会认真地学习。

● 平时给孩子订的目标,应该是跳起来能够得着的
目标。

● 父母应该在孩子的学习中引导他培养和发展学习
的能力,而不要把目光只盯在考试成绩上。

在孩子面前，
父母的态度很重要

　　父母不是圣人，有很多时候会犯错误。当成人犯了错误以后，该在孩子面前摆出什么样的姿态？

　　最好的姿态是承认自己的错误。

　　孩子正在成长之中，更难免犯错误。父母该如何对待？明智的父母绝对不会在孩子犯错误时用言语对孩子进行伤害。

父母要勇于对孩子说"对不起"

良好的家庭环境,可以让一个孩子拥有健全的人生。良好的家庭环境,首先要重视家庭教育,尤其是父母以身作则的正面行为,更可以给孩子一个良好的示范。

父母教育孩子天经地义,但不意味着父母在家庭教育问题上不会犯错误。我们成人告诉孩子有了错误要敢于承认,但成人自己犯了错误,是不是也要在孩子面前认错呢?

父母要敢于对孩子说"对不起"。父母在教育孩子的时候难免会出现一些失误。应当直接地承认自己的错误,并与孩子交谈,向孩子道歉。孩子会原谅你,和你站在一边,对你更加亲密,更加信任。

父母都会同意这样一个说法:知错认错是做人的一个标准。在这个标准面前,父母和孩子应该是平等的。比如父母有错,孩子给你指出来,如果孩子的判断是对的,那父母就应该勇敢地承认自己的错误。有了知错就改的父母,才会有知错就改的孩子。

父母有时特别在意自己说了什么,会给孩子怎样的影响。其实父母做了什么对孩子影响更大,孩子始终盯着父母的行为。费孝通先生对我说过:孩子懂道理不是听会的,是看会的。父母是孩子的榜样,即使你不想做这个榜样也是榜样。所以,父母如果做错了事情，一定要对孩子道歉。

在这个基础上批评孩子才会有效果。

人与人相处，难免会有摩擦，尤其是互动关系频繁的亲子之间，常会因父母的一时情绪问题，伤害了孩子幼小的心灵。此时，父母亲一定要勇于向孩子说对不起，抚平他们不满的情绪，让他们在良好的互动关系中，学会如何宽容待人。

家是一个孩子人格养成最重要的场所。良好的家庭环境，可以让一个孩子拥有健全的人生。良好的家庭环境，首先要重视家庭教育，尤其父母以身作则的正面行为，更可以给孩子一个良好的示范。

有位专家这样说过：我们对孩子情绪感受的处理态度，会影响他的性格和认知。如果孩子内心受创时，大人诚恳地向他们说声对不起，将来孩子长大后，性格会比较温和、民主，妥协性较高。倘若大人们没有适时地向孩子说对不起，他的内心会不断累积不满情绪，对他将来的语言、人格发展都会有负面影响，日后的亲子关系也不好。

我们可以用两个故事来说明问题：

有个初三的女孩 A，成绩始终不能达到预期值，这让她痛苦不已。妈妈虽然没有责怪她，可这个孩子看得出父母的不悦。

渐渐地，这个孩子开始疏远父母，走进了朋友的世界当中，有朋友为她排忧解难，友谊呵护她慢慢成长。可是，孩子的妈妈不知道从哪道听途说来的，说女儿有男朋友，而且开始不认真学习。妈妈先和女儿谈话，然后爸爸打了女儿。这个女儿在叙述后来的事情时是这样说的：

"从那天起，父母几乎隔绝了我的所有电话，偶尔接着几个他们还会偷听，偷听之后还假惺惺地问是谁呀！我这才清楚，原来父母是这般的不信任我。为啥父母那么在乎别人的看法，因为别人一两句话而不信任自己的亲生女儿？为了要证明父母是错的，我拼命地学习，眼看着自己的肉往下掉。

"在第二次统考时，我终于以班里第一的成绩在父母面前'扬眉吐气'。家长会后，妈妈还留下来单独找老师谈，问我们班是否有早恋现象，老师坚决地否认了。妈妈这才放心下来。当天晚上，妈妈为我准备了丰盛的一餐。可是，我心里明白：再好吃的菜肴，也不能弥补我心中的创伤，而且是我最亲近的人给我割下的一个深深的伤口，还在上面撒了一把盐。晚饭时，爸爸只是轻描淡写地说了几句：'二统考得还不错，以后要更努力。关于"早恋"，没进去最好。'我支着耳朵往下听，等着父母道歉，可是他们都当做什么事情也没发生，一句道歉的话都没有。父母就没有犯错的时候吗？父母就不能向自己的孩子道歉吗？爸爸不为在真相不明的情况下动手打人而道歉吗？为什么孩子们的自尊心在父母的心目中就没有一席之地呢？父母不是应该呵护自己的孩子长大成人的吗？身体固然重要，但心灵更重要。父母不应该帮助自己的孩子建立自尊心吗？使我们的自尊心找到栖息之所，让我们有勇气去面对以后的风风雨雨？"

而另一个女孩 B，同样遇到了类似的问题，出于对孩子的关心和爱护，父母采取了一些严厉的教育方式。但是当父母发现错怪了孩子以后，经过激烈的思想斗争，他们对孩子说出了"对不起"三个字。当爸爸妈妈很不自然地对孩子第一次说出了让她一生难忘的三个字后，当时她就扑到妈妈怀里哭了。她说：

"我很难表达自己当时的感受,因为没有想到父母会对我说'对不起',为他们迟来的'对不起'而埋怨,更为他们能说出'对不起'而感动。我是多么盼望着有这一天,多么盼望着父母的理解啊!""我希望爸妈知道我是一个好女儿,我没想过爸妈会跟我说'对不起',即使是在这之前我也觉得那对父母来说是有失威严的事。但是我听后真的好感动,我知道我心里其实一直在期盼那句'对不起',同时我也为能和自己说'对不起'的父母感到骄傲!"

这个孩子的父母在后来回忆起这件事时也感慨万分:我们竟然在这么大的事情上误会孩子,即使我们是出自对孩子的关心。结果我们的关心差点毁了孩子。看着孩子和自己越来越贴心,越来越听话,真是庆幸啊!

上面这两个故事,充分说明父母的态度对孩子会起到多大的作用。

向孩子说"对不起"不仅是父母改正错误的机会,更是父母教育孩子、拉近父母与孩子之间距离的好机会。好好把握这个机会吧!千万别因为面子问题而错过它,或自以为是地以为孩子长大后自然会明白自己的苦心。"对不起"三个字,说出来孩子才会明白,而父母不会因此失去任何东西,反而会因此得到孩子那宝贵的心和对父母的尊敬。

相关链接

美国儿童心理学家罗达·邓尼说过:"父母错了或违背自己许下的诺言时,如果能向孩子说一声对不起,可以帮助孩子建立自尊,同时能培养孩子尊重人的习惯。"

父母有时要"少一只手"

父母的"过度保护"恰恰忽视了孩子健康人格的培养,也扼杀了孩子创造的灵性,降低了孩子自主发展的能力。父母有时要适当示弱,甚至"少一只手",因为父母"少一只手",孩子的手才会动起来。

案例

　　说我懒,其实是女儿奇懒在先。呵呵,宝贝女儿你听到了千万别生气,我说的是你几个月以前。那时的你水果吃完了,饮料喝完了,你会顺手把果核、塑料瓶子放在书桌上,日复一日地积累着,如果我不帮你收,我怀疑它们会永远占据着你书桌的一块地盘;你的桌上堆满了书本、纸、笔还有各种杂物;书房的墙边地角随意乱放着书、磁带,甚至衣服掉到地上你也懒得捡一下;自然,你的小袜子和内衣都是我代劳为你洗,谁让你太"忙"呢?为了让你改掉不爱收拾、不爱干净的坏毛病,我们费了不少口舌,生了不少气,最后无奈,只好把你送到寄宿学校,希望学校严格的管理方式能帮你改掉这些坏毛病。可我们的如意算盘没打好,不

忠告天下父母

到两周,学校的管理就不那么严格了,你的一切依然如故,每个星期都会带一包脏衣脏袜子回来,最可气的是你带回来后连拿都懒得往外拿,等着我来替你收拾残局。我没冤枉你吧?

不过,你有你的懒法,我有我的治法。看看你现在的进步就知道我有多聪明了。

那时恰逢"非典",女儿困在家里自学。我将女儿的几件小脏衣服装到盆里,郑重地对女儿说:"曦儿,你已经长成大姑娘了。从今往后,你自己的内衣袜子,还有夏天的薄衣服一律自己洗。我只帮你洗一些大的厚的衣服。听到了吗?"女儿面露难色,正待张口,我抢先夸起了她:"我知道你其实很能干的,这么点小事算什么呀,更何况女儿长大了还让别人洗衣服,多不好意思呀!这个脸面你肯定是要争的。对吧?"

这话果然堵住了女儿的嘴。她略带无奈地说:"行啊,你以为我不会洗啊,我早就会了。"

可女儿哪里想得起洗衣服的事来哟!怎么办?老催她也不是办法,还是两个字:不管。就这样,到了第三天晚上,女儿洗完澡,该换那件她最喜欢的睡衣了。她找了半天没找着,急了,问我帮她放哪儿啦,我说:"不还在盆里放着没洗吗?"她一愣:"哦?还有这事?我忘了。""赶快洗吧!再不洗连内裤也没得换了。"女儿往盆里接了些水,放上洗衣粉。为免寂寞,她将小盆端到客厅里,边看电视边洗起了衣服。那手法哪像洗衣服,简直像绣花。可女儿自称"我会",拒绝让我教她。也好,先让她自己洗着吧,总比不动手强。终于洗完了，我还欣喜地夸了她几句。

因为打定主意，她的小事我要尽量少管，所以，女儿从学校带回来的东西我也没帮她清理。到底还是不放心，那天女儿有事出去了，我走进她的房间，打开那几个塑料袋一看，天哪，一包脏衣服竟然就这么放了快一个月了吧？

我只好帮她把这些衣服洗了，又放消毒药水浸泡。等她回来，我故意吓唬她："你的一包脏衣服又不及时拿出来洗，今天我打开一看，哎呀，都长小虫子了。"

"什么？长虫子了，什么样的虫子呀？"她最怕虫了，吓得大惊失色地问。

"就是那种爬呀爬的虫子。你想，脏衣服放这么长时间，当然要长虫子了，以后可千万要注意。"

她一拍脑门："哎呀，我都忘了这些衣服了，赶快丢掉！""我已经帮你洗过了，还消毒了。"女儿愣怔了半晌，自言自语地说："看来以后得及时洗，太可怕了。"

从此，女儿总是当天就把自己的小衣服洗掉，再也不放了。到快开学的时候，她甚至有些得意地对我说："以后啊我的衣服都不用带回来了，我可以在学校自己洗。"我说："那对你来说是个大进步。不过，大衣服还是带回来洗吧。"

其实，我之所以要做个懒妈妈，不仅仅是想培养孩子的生活自理能力，关键是想借此培养她的责任心，让她明白照顾好自己管理好自己是她的责任。只有先培养起孩子对自己负责的意识，他将来才可能是个对家庭、家人和社会有责任心的人。

——《少年儿童研究》2004 年 3 期　　作者:东　方

在家庭当中,父母常常为孩子做得过多,尤其是母亲,很多事情都帮孩子去做。这样的结果有可能会让孩子变得能力低下。

在家教中,很多做母亲的实在太"勇敢"太"能干",经常犯"爱心"的错误。现代心理、教育、社会科学的研究以及大量的调查表明:父母的"过度保护"恰恰忽视了孩子健康人格的教育和培养,也扼杀了孩子创造的灵性,窒息了孩子自主发展的精神。父母有时要适当示弱,这样会取得意想不到的好效果。

有个家庭经常会进行郊游、爬山等活动。有次父母带儿子爬山的时候,碰到一个陡坡,儿子站在前面有点儿犹豫。这时妈妈对儿子说:"儿子,妈妈有点不敢过去,你敢吗?"儿子闻言回过头看看妈妈,然后伸出他的手,小心翼翼地拉着妈妈走过了那个坡。实际上,妈妈知道他不会有什么危险,但是这种换位的感觉绝对不一样。走过去后,妈妈长叹一口气说:"儿子,今天要不是你,我真的不敢过呢。"儿子马上得意地说:"没有我在你就不敢吧。"而且隔几分钟说一次,可见他多么得意。这样对他实际上是一种很好的锻炼,让他意识到自己已经长大了,可以独立做事了,有时大人反倒需要他的帮助了,他也有责任为父母效力了。

确实,有时候母亲适度地表现自己弱的一面,孩子反而能更快地成长,这是一种智慧的母爱。

有时妈妈太勤快了,孩子就懒了。要是妈妈懒点呢?

155

现在出现一些懒孩子，首先是因为有些父母对培养孩子勤劳品质的重要性认识不足。有的父母简单地认为孩子现在还小，馋点懒点可以谅解，长大了自然就会变好。更有一些父母则逼迫孩子在学习上勤之又勤，在生活上则允许懒上加懒。但父母不明白，有时生活中的懒惰会给孩子的学习带来负面影响。

　　当然，要想锻炼孩子的能力，父母除了督促孩子之外，也要采取适合自家孩子的方法。前面提到的妈妈示弱是个好办法。还有的父母为了让孩子学习主动，让孩子给自己当小老师，激发孩子的热情和兴趣。

　　有位爸爸让孩子教自己学电脑。他说：电脑对我来说只是一台高级的打字机。我的老式486电脑请朋友设计得像台"傻瓜相机"，每次我只需依固定的程序，按动几个键，就可以进行写作和发送电子邮件。我的电脑知识也就止于这些，别的不愿再往深处探究了。女儿可不浅尝辄止，她先是把在学校学的那些东西，在我的电脑上练习了一遍又一遍，给我换了一个漂亮的桌面背景，还调出了我根本不知晓的游戏，让我在写作累了的时候放松。在她的指导下，我开始告别用了多年的WPS编辑软件，尝试直接用WORD编辑稿件，不必再进行纯文本文件格式的转化，即可发送电子邮件，比过去方便、快捷了许多。多亏了女儿这个小老师的指导和鼓励，我的电脑操作水平还真的大有提高。

　　这位父亲还深有体会地说：请女儿做老师，是我和妻子找到的一条培养孩子走向成功的途径。我觉得这种做法很值得推广，因为它既充分地肯定和鼓励了孩子的特长或某些方面的突出表现，从而更好地激发孩子的兴趣，调动孩子学习的积极性，增强孩子的自信心和成就感，还可以弥补父母在某些方面的不足。同时，以孩子为师，还体现了教育的平等，有利于父母与孩子的沟通，造就了一种和谐、愉悦的氛围，实现了家庭教育的民主化。

　　的确是这样。我们在接咨询电话的时候，经常会遇到父母述说自己对孩子无微不至的关心，换来的是孩子的能力差，甚至影响了学习。比如有的孩子一直有丢三落四的毛病，不是忘记带作业本，就是把教科书放在家里。妈妈为了不影响孩子的学习，不挨老师的批评，每天都要按课程表的安排为孩子整理书包；有时工作忙顾不上，没有把相应的书本准备好，孩子就会发脾气。

　　责任到底在谁呢？父母关心的只是孩子考了多少分，在班里排第几名，只要孩子能认真写作业，按时上课，别的都不重要，却没有认识到良好的生活、学习习惯对学习的促进作用。妈妈的过度关心，使孩子产生了很强的依赖心理，形成了错误的思想认识：我是学生，只要学习好，其他事情不归我管。然而，孩子的生活除了学习外，还有很多需要掌握的本领。

　　有位妈妈的经验很好，她认为大人勤了，孩子就懒了；大人"懒"了，孩子就勤了。所以她的做法是：

　　1. 懒于接送。孩子上下学要他自己走路，美其名曰"练轻功"。有一晚他没按时早睡，次日起来迟了，要妈妈骑车送，妈妈故意说，我自己上班要迟到，来不及送。他气得一边跺脚一边小跑去学校，结果因迟到被罚扫地。迟到一次，孩子就吸取教训，改正了晚睡的毛病。如果那次真的送了他，恐怕良好的作息习惯就难以形成。

2. 懒于陪读。妈妈只提醒孩子,什么时间该做功课了,做完了报告一声。遇到要检查的作业,一律叫孩子自己检查,妈妈只负责签字。遇到不会做的,叫他自己开动脑筋,实在不会做了,告诉他该到哪里去查找资料。

3. 懒于唠叨。有的父母为督促孩子学习,一天到晚唠叨。重复的话孩子听多了耳朵也会起茧的。周末,儿子打游戏打了很久,作业也没做,妈妈问:"你准备打到几点?"儿子看看钟,说:"再打 10 分钟。""好,说话算数。"10 分钟过去了,妈妈返回来一看,他还在打。妈妈强忍怒气,一脸平静地说:"你平常不是说,说话要算数吗?"他不好意思了,马上关掉电脑。在此之前,妈妈给孩子灌输过做人做事要守信用的意识,所以孩子才能愉快地接受。试想,如果妈妈一阵唠叨:"别打了,还不赶快做功课去,这样打下去,成绩怎么会好?以后考不上大学……"恐怕孩子口服心不服,做作业时还会"身在曹营心在汉"。虽说打游戏不好,但只要把握得好,可以变不利为有利,孩子从中学会了控制自己,克制欲望,培养了控制力、忍耐力、意志力等。

4. 懒于动手。凡是孩子力所能及的事,妈妈都不帮忙。孩子房间乱的时候,妈妈就提醒他该收拾整齐了,自己却在一旁乐得看他整理。孩子上科技课经常要回家准备各种材料,也叫他自己准备。要买什么给他钱,让他自己去店铺买,以锻炼他和人打交道的能力。刚开学,老师要求给新书包上书皮,他不会包,妈妈教他一次。第一个封皮包好后(当然非常蹩脚),便放手,叫他自己包,他嫌麻烦,露出不耐烦的神色,妈妈也不理睬,只顾在旁边指导,他不得不耐着性子包。如果为了图快省事,帮他包完,那么他永远也包不出第二个更好的书皮。

不可让孩子畏惧父母

最能保护孩子的人莫过于父母与教师，能否让孩子始终确信这一点是至关重要的。自然，这不是光用言语就能做到的，要用行动、用事实让孩子坚信不疑。

案例

2005 年 3 月 10 日《北京广播电视报》特别视点专栏，以《16 岁女"老大"的荧屏忏悔》为题，详细介绍了小敏从校园暴力的受害者变成害人者的过程。

小敏是北京女孩。刚上初一时，她开始被班上的同学劫钱，而且是被一个女孩劫。当时的小敏花钱大手大脚，喜欢与人攀比，对朋友也挺大方。这使她自然地成为别人劫钱的目标。谁知，劫钱者胃口很大，几乎天天勒索，从 5 元发展到 100 元！

小敏害怕了，付不起了，编瞎话跟父母要钱不灵了，向同学借也借不到了。当一个凶恶女孩逼小敏交钱而不得时，便开始折磨侮辱小敏，如灌她喝水却不让她上厕所，逼她交男朋友，命令她抱着一块大石头，亲石头，对石头说 100 遍"我爱你"……

这种痛不欲生的日子，小敏忍受了一年之久。上初二时，她再也受不了了，便通过同学，找到了一个 26 岁的社会男青年为"靠山"。男青年马上来到学校，揍了那个凶恶女孩一顿,从此再也无人敢欺负小敏。但是,小敏也迈出了危险的一步,不仅与那个男青年混在一起,而且在学校里变成了一个不可一世的小"魔王"。

从2002年年初开始,14岁的小敏踏上了犯罪之路。她经常打车到校上课,到校后让小同学为她付车费。放学后,她让同学用自行车送她回家。她上学时背一个书包,手里还提一个包,到校后交给同学,同学们便往包里装漫画书和零花钱,以此"孝敬她"。从2002年9月起,小敏因为多次抢劫同学的手机,先后被警方抓获,并判过有期徒刑一年,缓刑一年。本来,这是一个悔过自新的机会,法盲小敏却侥幸地认为,反正自己是未成年人,法律拿自己没辙。第三次走上法庭时,小敏见到同案,竟嚣张地说:"这回出的事是谁把咱们'点'了?出去以后咱俩先去找人把他给打了!"

可是,小敏却不知道,在《中华人民共和国未成年人保护法》中有明确规定:屡教不改的,屡次重新犯罪的,同样要被判实刑。结果,2004年8月,小敏以抢劫罪数罪并罚,被判处有期徒刑两年半,并去北京未成年犯管教所服刑。至此,她才后悔莫及。

当面对记者的时候,早已清醒过来的小敏说,她最后悔的是受到欺负时没有告诉父母,也没有报案。如果当初把自己的痛苦经历告诉父母亲,寻求他们的帮助,事情就会跟现在有截然不同的结果。

问到小敏当时没有选择告诉父母的原因,她回答说,怕挨父亲的打。因为她把父母辛辛苦苦挣的钱轻易给了别人,父母能不打她吗?父亲的打给小敏留下的印象太深了。所以,她和许多犯罪的未成年人一样,选择了逃避父母,也逃避教师。

虽然尊重孩子、给孩子更多的民主氛围被越来越多的父母认可,但在很多家庭中,孩子还是很怕父母的。尤其是有些父亲为了让孩子有所顾忌,在管教孩子的时候会采取很严厉的态度。

时常听到一些父亲洋洋得意地说:"我的孩子怕我,只要我一瞪眼,他就吓得大气儿不敢喘。"也有些母亲帮着丈夫树立威严,吓唬孩子说:"看你爸爸回来怎么收拾你,你就等着吧!"这些做法的原因,也许可以追溯到中国古代"严父慈母"的传统观念上,如宋代王应麟编的《三字经》中说:"养不教,父之过。教不严,师之惰。"然而,多年从事儿童教育研究的经历,让我越来越怀疑"严父"的好处。

在我看来,孩子在遇到重大麻烦甚至危险的时候,能否如实告知父母或教师,是父母或教师称职与否的底线标准。

对于未成年人来说,父母与教师是他们生活中最重要的指导者,也是力量最为强大的人。尽管由于群体社会化的趋向,孩子可能会非常看重同龄人的理解与帮助,而对父母与教师充满了怀疑与担心,但实际上最能保护孩子的人莫过于父母与教师。能否让孩子始终确信这一点是至关重要的。自然,这不是光用语言就能做到的,要用行动、用事实让孩子坚信不疑。

孩子成长的显著特征之一是群体性。任何一个未成年人的成长,都离不开强大的社会和情感支持系统。通俗一些说,每个孩子的身边,都需要一些可亲可敬的人,他们可以为孩子指点迷津,他们会与孩子同甘共苦。因此,孩子们会因他们的存在而心安情悦,也会因为时常望着他们友善的目光而不容忍自己做坏事。相反,一旦孩子失去了这个支持系统,就会像脱离轨道的星星,变成一颗去向不明的流星而坠落。

我有一位表姐,人长得白净清秀,学习与工作异常勤奋,却终生受跛足之苦。谈起原因她更是感慨万分,因为小时候贪玩,在冰上摔了一跤,回家不敢对父母说。当时,正处于生活困难时期,父母谋生艰辛,脾气也暴躁,尤其是负责照料孩子的母亲十分严厉。表姐身为长女,又是好学生,一向克制忍耐,岂敢让父母为她操更多的心?可是,纸是包不住火的。摔成骨折的表姐不但无法掩饰了,还错过了最佳治疗期,使病情日趋严重。母亲得知真相后,不惜倾家荡产,背着表姐四处求医……

由此看来,在亲子关系中,应当用"敬爱"二字代替"畏惧"二字,因为"畏惧"二字虽有震慑之效,却包含着更多的让孩子走向危险深渊的助滑剂。孩子越小,畏惧感对他的伤害越大,危险程度越难以预料。可以说,"敬爱"二字与"畏惧"二字之别,就是向心力与离心力之别,就是幸福与痛苦之别,就是成功与失败之别。

别让话语伤着孩子

教育是一项神圣的事业,神圣的事业就一定有所禁忌。那种侮辱孩子、歧视孩子的话是绝对不能说的。

2000年我们做过一次调查,后来还专门出了一个研究报告。这个调查发现,我们当前的中小学生受到的伤害,有显性伤害,有隐性伤害,隐性伤害中的语言暴力问题是普遍存在的。大约有30%左右的中小学生表示他们都经历过这样的伤害。

您觉得这是一个普遍存在的问题吗?

我认为这是一个普遍存在的问题。语言暴力就是一种精神伤害。重庆有个老师,说一个初二的女孩子:就你这样的,学习又不好,长得又难看,将来去当坐台小姐你都不够资格。这个女孩子听了之后,转身就走了,从7层楼上跳楼自杀。后来这个老师被判了刑。这个老师教学多年,是一个经验很丰富的人。你说她不懂,她什么都懂,她为什么这么做,这就有比较深刻的原因了。

在我们的传统文化中,对尊重的理解,包括尊重教育的倡导是比较差的。在谈到如何对待孩子的时候,都会谈到"爱"这个字。很多人就借着这个爱的名义伤害孩子,父亲爱孩子就可以打死孩子,教师爱孩子可以侮辱孩子,挖苦孩子,只要你成才,什么手段都可以用。所以我觉得应该把尊重提到爱的前面。

实际上最根本的问题,还是在于确立一个现代的儿童观。一定要按照《儿童权利公约》的思想去看待孩子,每个孩子生下来就是一个权利的主体,大人和孩子是平等的,一定要互相尊重。

在父母看来,孩子的心思不在学习上,导致学习成绩跟不上,于是语言暴力就成了教育孩子常常使用的武器。孩子在成长的环境里,由于学习成绩不好,得不到应有的尊重,听不到赞赏的话语,各种打击性、破坏性的语言时时伴随着他,长此以往,就会把他的自尊心完全破坏掉,朝着我们不愿看到的方向发展。

好多父母与老师不能做到真正意义上的尊重孩子,是因为他们还没有学会真正的换位思考,总把自己放在高高在上的位置。如果常常换位思考一下"如果我们是孩子,受到这样的'教育'我们会怎么样?"就不会轻易去伤害纯真的孩子了。

当父母着急的时候,考虑问题就不够全面,可能还是从根本上没有足够地尊重孩子。

教育是一项神圣的事业,无论家庭教育、学校教育都是一项神圣的事业,神圣的事业就一定有所禁忌。那种侮辱孩子的话,歧视孩子的话,是绝对不能说的。

从孩子的身心特点来看,孩子非常的敏感,他敏感就在于你是不是尊重他,是不是侮辱他。作为父母、作为老师,你批评孩子是可以的,但是要注意,在批评的时候,要从尊重孩子的角度出发,确保孩子身心不受伤害。如果你是从尊重孩子的角度,你把孩子当成一个好孩子来说他的时候,你怎么说他,他都可以接受;他相信老师是为了他好,爸爸妈妈是为了他好。但如果你侮辱他,用侮辱人格的语言伤害他,那孩子是不能接受的。孩子可能用强烈的反弹来对抗,甚至会有非常可怕的后果,这是我们要注意的。所以说我们要记住这样一个原则,可以批评孩子但是不能侮辱孩子。

有一位心理学家曾经说过:"永远记住,你要是想培养一个失败者,你要是想毁掉一个人,那么你只需每天对他说一句:'你真笨,你不如别人。'可能你说第一遍的时候,他还不以为然。但是你说的次数多了,特别是在他受挫的时候,他就会认同的,就会变得缺乏自信。"

总而言之,当我们教育孩子的时候,一定要注意表达方式,多一些鼓励,多一些指导,不说伤害孩子的话,要记住一些教育忌语。我的教育建议是:

不要用侮辱性的话批评孩子。批评孩子是正常的,因为对孩子伤害最大的往往不是批评而是轻蔑,如当孩子犯了错误的时候,千万不要说:你是个坏孩子,你将来什么地方都不要就公安局要你等等;当孩子考试不及格的时候,你千万别说:你是个傻孩子,你是榆木疙瘩等等。当孩子做了错事的时候,建议父母要跟孩子讲:你是一个好孩子,我们相信你是一个好孩子,但是你这件事做得不对,伤害了别人你要承担责任;当孩子考试成绩不好的时候,我们说:你是个聪明的孩子,你学习一定会好的,但是这一次你没考好要找找原因。如果用这样的态度对待孩子,孩子就不会在挫折面前倒下,而是会勇敢地、顽强地站起来。

相关链接

著名儿童心理学家基诺特归纳了不适宜教育孩子的 10 种语言:

不宜恶言。不要说"傻瓜"、"没用的家伙"等。

不宜侮蔑。不要说"你简直是废物"等。

不宜过分责备。不要说"你又做错事,真是坏透了"等。

不宜压抑。不要说"闭嘴"、"你怎么这么不听话"等。

不宜强迫。不要说"我说不行，就不行"等。

　　不宜威胁。不要说"我再也不管你了，随你去吧"等。

　　不宜哀求。不要说"求求你别这么做好吗？"等。

　　不宜抱怨。不要说"你做这种事真令我伤心"等。

　　不宜贿赂。不要说"你若考 100 分，我就给你买自行车"等。

　　不宜讽刺。不要说"你可真行啊！竟敢做出这种事来"等。

给父母的建议

● 父母有时特别在意自己说了什么，会给孩子怎样的影响。其实父母做了什么对孩子更重要。孩子始终盯着父母的行为。所以，父母如果做错了事情，一定要对孩子道歉。

● 父母有时要适当示弱。父母的"过度保护"忽视了孩子健康人格的教育和培养，也扼杀了孩子创造的灵性，降低了孩子自主发展的能力。

● 在亲子关系中，应当用"敬爱"二字代替"畏惧"二字，因为"畏惧"二字虽有震慑之效，却包含着更多的让孩子走向危险深渊的助滑剂。孩子越小，畏惧感对他的伤害越大，危险程度越难以预料。

● 批评孩子要三思，别让话语伤着孩子。

青春期教育
宜柔不宜刚

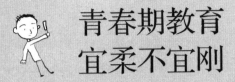

　　按照国际上公认的标准,10~20 岁为一个人的青春期。青春期是人发育成熟的时期,也是一个跟父母冲突激烈的时期。青春期对于任何一个人的成长都具有特殊的意义。青春期是人的真正的诞生,精神的诞生。

　　青春期孩子的共性特征是叛逆。在这个时期,父母的重要责任不仅仅是让孩子吃饱、穿暖,还要给予孩子特别的关怀,特别是精神层面的关怀。

尊重孩子的未成熟状态

青春期孩子最显著的反应是讨厌父母唠唠叨叨。父母恨不得把全天下的道理都给孩子讲明白，而孩子却不接受，他要用自己的眼睛看世界。

很多父母都发现，孩子进入青春期后，变化特别大。比如有的孩子变得不爱说话。以前可能什么话都会和父母说，现在不怎么说了。有的孩子原本属于性格外向的，现在变得内向了，而父母又很想了解孩子的心理状况，特别希望洞察孩子的内心世界。所以，有时在父母和孩子之间就会产生矛盾。

有的心理学家认为，儿童、青少年发展有两个关键期。第一个关键期是从出生到1岁，第二个关键期就是青春期。之所以说是关键期，因为这是生理、心理上的两次断乳期。第一个关键期是生理上的断乳期，第二个关键期即青春期是所谓心理上的断乳期，这两次断乳对儿童、青少年心理的震撼是巨大的，甚至可以说是疾风暴雨式的，值得父母、老师给予特别关注。在青春期，父母一是要了解孩子的变化，二是特别要注意给孩子平等和尊重。这是最核心的问题。

比方说，现代儿童观有这样的看法：尊重孩子的未成熟状态，因为这是他生命中的一段时光，要尊重而不能嘲笑。实际上青春期也是一种不成熟的时期，这个时期的孩子可能会偏激、冲动、固执。

青春期的孩子,这时候不愿意把什么事情都告诉父母。父母会想:过去对我无话不说的孩子现在怎么会这样?其实这个时期的孩子就是如此,他开始把心灵的大门关上,审视自己的内心,开始辨别是非。这是他有生以来最敏感的时期,父母的一句话、一个眼神都能让他产生情绪上的激烈反应。他甚至会想些人生最基本的东西:什么是美?什么是友谊?什么是亲情?他都会思考。

　　青春期最显著的反应是讨厌父母唠唠叨叨。父母恨不得把全天下的道理都给孩子讲明白,而孩子却不接受,你说得对他也不接受,他要用自己的眼睛看世界。

　　　父母有时会这样想:我告诉你,你听了我的,会少走很多弯路;如果你不听,可能你就会绕个大弯,耽误时间和精力。

　　成长是不能代替的。明明知道会有挫折,但他自己经历了,以后才会少有挫折。如果你代替他,他知道了道理内心也会不安。**唠叨的失误在于父母总是要代替孩子思考**。一份对上海市1000多名各类中学不同年级的学生所作的"上海地区中学生对父母评价的调查"表明,他们认为好妈妈的首要条件是"善良",最忌讳和讨厌的是"妈妈的啰嗦"。但是我们的一些父母,尤其是很多母亲都有这个问题。

　　　很多父母知道这是个非常时期,因此也就更想了解孩子在想些什么。

　　这个时期的孩子心里会有许多个主意,这些主意有很多在父母看来是幼稚可笑或者是荒唐的,很容易被成人找出破绽。因为父母是成熟和有经验的,可以说出成千上万的理由,证明孩子的幼稚。但是这样做的结果是孩子觉得父母不理解自己。父母不能用成熟来讽刺孩子的幼稚。要看到孩子在不成熟中蕴藏了成长的希望,常常体现了孩子的热情和才智。

心理学家发现,孩子对父母的情感大致要经历五个阶段:10 岁以前孩子对父母的情感以崇拜为主;10 岁到 20 岁时这种情感转为轻视;20 岁到 30 岁,孩子对父母有了一些理解;30 岁到 40 岁时孩子对父母多了一些爱;40 岁以后孩子才能真正深深地理解父母。变化的程度因人而异,但一定是有变化的。

青春期表现出一种叛逆,什么都想挑战,什么都看着不顺眼。你让我好好学习,我偏不好好学习,我逃学;你不让我谈恋爱,我偏谈恋爱。你一定要我穿校服,我偏不穿校服。如此等等。比如,有一个女孩不穿校服,老师批评了她。她第二天穿着校服来了,但用一根草绳子系在腰上。

还有一个女孩子,很有才华,写了一本书叫《童言有诈》。书出版后,出版社到她学校里开新书发布会,这个女孩子推了个光头。她妈妈一看肺都气炸了:我的天啊!你怎么能推光头呢?光头就等于是裸体啊!这个女孩子急了,跑到屋里写了一个"光头宣言":我不能让头发挡住我的思想。父母与她讲了好半天也讲不通,最后还是母亲首先冷静下来。她让女儿换位思考。她对女儿说:如果你做了母亲,你的女儿在参加新书发布会的时候,推了个光头,你会有什么感觉?你怎么办?女儿没想到妈妈会问这样的问题,愣了一阵说:那我支持她推光头,但第二天我会让她戴个帽子去参加新书发布会。

第二天,推了光头的女儿是戴着帽子参加新书发布会的,母女关系和父女关系也就缓和下来了。

这就是青春期才会有的现象。这是解决得比较好的一个例子。

您自己的女儿在青春期是不是也很叛逆？

当然，处于青春期的孩子总会顽强地表现叛逆性，我们的女儿自然不会例外。碰到那种时候，我尽量以柔克刚，以静制动。

譬如，有一天，上高一的女儿穿着校服去上学，放学却穿着肥肥大大的背带裤回来了。妻子一见，皱起眉头，叫道："啊呀，真难看！从哪弄来的？"女儿倚在门口，挑衅地看着我们，一句话也不说。一场争论即将爆发。我笑了笑，说："女孩子穿背带裤挺精神，只是肥了一点，改改就行了。"女儿的火气消了一些，过来与我们吃晚饭了，而且又说又笑。

饭后，我与妻子散步时，她生气地质问我为何不坚持原则。我说："一个16岁的孩子，自己用零花钱买了件衣服，难道不比缠着父母给她买好吗？两代人的审美眼光不同，你怎么证明你对她不对？谁都有个提高的过程嘛，何必互相苛求和指责呢？"

妻子想想我的话有些道理，也就不再说什么了。渐渐地，我们家中养成了平等协商或叫谈判的风气，凡事坐下来平心静气沟通一下，一般没有什么解决不了的问题。

教训也是有的。虽说爱子心切，可女儿也有钻牛角尖的时候，双方难免声音提高，冲突升级。但是，事过之后彼此都后悔，慢慢地也就吸取教训，各自学会了克制，学会珍惜家庭中的和睦气氛。应当说，**代际矛盾的主要方面在长辈，而长辈的秘诀在于发现孩子、尊重孩子甚至向孩子学习，因为这是促使矛盾转化的有效方法**。这是我很深的体会。

理解是船爱是帆

当孩子获得来自父母的关爱与信任，他们会怀着对父母的感激走向成熟。

20 年前，我刚上初中，正是小女孩青春期情窦初开的年纪。看了一部梁朝伟主演的电视剧，就深深地迷恋起这位现在红得发紫的影帝，那时他只是香港无线电视台的签约艺员。看来我还挺有星探的眼光。

可我妈妈绝对没有星探的眼光，她是那时候上班女性里最普通的一个，白天在办公室里忙于工作，下班后照例是做饭洗衣一大堆家务事。清闲的时候能看会儿国产电视剧，至于港台武打剧和枪战片，从来一眼不扫，更分不清谁是周润发，谁是刘德华。

每到周末，是妈妈和我逛商场的日子。妈妈在商场里采购生活用品，我就在商场外的几个小摊前来回走动。临时的简易小摊只是在地上铺一块布，那时也没有现在这样的大幅明星宣传海报，我贪婪地搜索的是一张张小不干胶贴画。每张贴画内容经常重复，而且印刷质量极次。但是其中只要有一张我没有的梁朝伟的新剧照，我也会将整版贴画买走，因为分开不卖。贴画每周都有新内容，我收集了厚厚一摞梁朝伟的生

忠告天下父母

活照、剧照。有趣的是，总是妈妈买完了东西出来，我还趴在小摊前流连忘返。这时，妈妈就会蹲下身和我一同仔细挑选，帮我参谋"这张你还没有"，"那张印得更清楚一些"……然后妈妈掏钱为我埋单，母女俩各自满载而归。

妈妈为我追星埋单不止于此。我长期订着两份电影杂志，从最初每本三毛到四毛多，涨价到七毛多，后来涨到一块多。连我自己都觉得这笔"不务正业"的支出太奢侈了。记得妈妈只是抱怨物价飞涨，并没拦着我订杂志。印象最深的是有一次妈妈去深圳出差，她给我带回好吃的东西同时，还买了几本精彩的我从没见过的影视刊物，上面无疑有梁朝伟的报道和剧照等。这"意外惊喜"让我在同学中"优越"了很久，他们排着队向我借这几本杂志。这些体现我优越性的杂志因为过多地登载了港台明星和外国电影介绍等内容，妈妈不感兴趣也没工夫，很少看。

很多年过去了，我开玩笑地问起妈妈，当年我和你们在许多问题上有抵触，为什么这"追星"没受到"不公正待遇"？妈妈显然对这事没有更多的思考，只是淡淡地说："你没有兄弟姐妹，爸爸妈妈也和你玩儿不到一块儿。平时挺寂寞的，学习又紧张，看看电视、买两张画片是唯一的娱乐了，还拦着你干吗？"

是啊，当爸爸妈妈不拦着我，一个青春期的孩子不用逆反，可以正大光明地追星的时候，我反而不觉得这事有什么特殊意义了。上高中时，我知道自己必须得考上大学，我是在为自己学习。梁朝伟画片的收藏数量便不再增长了。上大学后,我结识了更多的朋友,梁朝伟渐渐被冷落。工作以后,我有了更广阔的活动空间,有了自己的爱情和爱人,关于少年时对梁朝伟的一段如醉如痴的迷恋,也就一去无痕了。

——《少年儿童研究》2005 年 6 期　　作者:尚早川

您对孩子到了青春期后家庭气氛的改变是怎么看的?

谁家有个青春期的孩子,谁家就等于有一颗随时可能引爆的炸弹。这绝不是我危言耸听,而是被大量事实证明了的。

那岂不是家家都很紧张?

当然,是炸弹不一定爆炸,只是说它具有爆炸的可能。

在这样一个特殊的时期,我建议父母朋友学一学老子以柔克刚的策略,或许是较为明智的选择。

"知人者智,自知者明。"老子正是这样一个高人。在他的学说中,"无为"、"不争"、"以柔克刚"是基本思想,尤其推崇水的品格。他说:"天下之至柔,驰骋于天下之至坚。无有入无间,吾是以知无为之有益。不言之教,无为之益,天下希及之。"意思是说:"天下最柔弱的东西,腾越穿行于最坚硬的东西之中;无形的力量可以穿透没有间隙的东西。我因此认识到无为的益处。不言的教导,无为的益处,普天下少有能赶上它的了。"(陈国庆、张善年译)

在这里,让我们分享一个青春期的故事,它将有助于我们理解老子的观点。

由于为青少年写作的缘故,我曾陆续收到几万封中学生来信,并尽力回信达上千封。可是,实在无法一一复信,这让我感到遗憾和不安,愧对那些信任我的少男少女。但是,有一封西部少女的特快专递,让我不能不立即回复。

名叫雨的少女正读高三。她写道:

我有一件重要的事情与您商量:我爱上我的语文老师了!我能有今天的进步,都是他帮助的结果。如今,他的妻子去世了,我决定放弃高考,毕业后与他生活在一起。虽然,他的年龄比我父亲还大,我要做许广平(鲁迅先生的学生和他的第二任妻子)。在做出最后决定之前,我想听听您的意见……

雨与我通信一年多了。我知道,这是一个才思敏捷而又勇敢自信的女孩,为了一家三口的幸福,她居然支持父母离了婚。不过,她的新计划还是让我吃惊。

我给她的信挺长,大意如下:

我相信你的感情是纯洁的,我也相信你的语文老师是一位好老师。在你这个年龄产生这样的情感,不仅是正常的,甚至是令人感动的。

不过,我劝你心动不要行动。

生活就像蓝天,而你是一只小鸟。小鸟只有展翅飞翔,才知道世界有多么辽阔。如果你连飞都不曾体验,或许有一天你会后悔。人生阅历告诉我,在中学时代,你可能疯狂地喜欢或爱上某个人,但没过多久你又可能骂自己:我昏了头了,我瞎了眼了,我怎么会喜欢他?

我建议你静下心来在高考中一搏,这是你一生中极为难得也极为关键的一次机会。我祝福你考上大学,到外面的世界闯荡一番。假若到那个时候,你还是认定这位语文教师是你的最爱,我就支持你嫁给他……

让我欣慰的是,雨接受了我的忠告,并且幸运地成为一名大学生。半年后,雨来信透露,她在大学里获得了从未体验过的炽热爱情。毕业后,雨随男友去了江南,婚后很幸福。

一日,与中央电视台的朋友聊天,我谈到了雨的经历。当记者的朋友眼睛亮了,决意邀雨来北京,做一个节目。我犹豫了一下,说:"我先征求一下雨的意见吧。"

在电话中,雨听完电视台的构想,不假思索地谢绝了。她说:"孙老师,我永远感激您帮助我走出青春的沼泽,但我不想打破今天的宁静生活,我非常珍惜现在的每一天。"

我回答道:"对!幸福的感受比什么都重要!电视节目做不做无关紧要,咱们不理它!"

直到今天,我与雨从未见过面。

当我应邀为中学生的父母们讲课时,我偶尔会提到这件事。我常问大家:对于雨来说,面对如此重大的问题,她为什么不与父母商量,而找到千里之外的陌生人倾吐衷肠?其实,大家心里都明白,哪个孩子敢对父母谈这样的心事?又有哪位父母能平静地听孩子诉说一段非常的师生恋?

几十年的教育和研究经历使我非常清楚,在中国目前的现实状况下,许多做父母的一旦听说孩子恋爱了,还爱上比父母年龄都大的老师,他们甚至会用全世界最狠毒最肮脏的语言骂孩子。实际上,恋爱中的少男少女,几乎都是激情如火,心中春光明媚。他们不讲门第,不讲贫富,不讲年龄,唯有爱情至上。如果父母又骂又罚,尽情羞辱,这难道不是在引爆炸弹制造悲剧吗?其实,初浴爱河的年轻心灵,多么渴望成年人的体谅与点拨,而父母与教师本是最佳人选,为何近在咫尺心却天各一方呢?

听了我掏心窝子的话，有些父母或教师沉重地点头，有些甚至热泪长流。

我对父母们的建议如下：

第一，成功的父母永远是孩子的知心朋友，而知心朋友应当彼此接纳心心相通。应当善意地倾听孩子的心声，必要时为孩子保守秘密。

第二，当孩子诉说心事之后，父母给予的不是训斥，更不是打骂，而是可靠的经验与可行的建议，并留给孩子成长的空间和选择的权利。

世上哪个孩子不渴望拥有这样的父母？当他们获得如此的关爱与信任，怎么会丧失自尊心和自信心？他们会怀着对父母的感激走向成熟，并使自己曲折的经历成为一生的财富。

我是你最可信任的朋友

青春期里的教育，最好不用过去那种居高临下的方式，父母别再把自己摆在很高的位置上同孩子交流。

青春期一般指 10~20 岁这一年龄段。心理学家发现，此阶段的孩子恰好处于轻视父母的年龄，容易与父母发生冲突。尤其在与异性交往的问题上，两代人的矛盾常常难以调和。

有时大些的孩子会有这样的现象：你批评他，他心里接受，但表面上是一副不接受的样子。可大人看到了就很生气，觉得孩子听不进大人的话。

有个词叫与时俱进，我们要和孩子一起成长变化。任何的教育都因孩子年龄的增长而变化。比如孩子进入青春期之后，人越大，自尊心越强，心理越敏感。尤其是上初中以后，这个时期，父母可能都会有点不太适应。孩子在这个时期有可能变得封闭、自我。孩子反抗父母是长大的需要。这个时候必须给他成长的空间。批评要点到为止，因为孩子敏感、懂事，不需要把话说得太硬或者太绝对。

尊重与信任是我们的教育准则，在孩子的青春期，这两点尤为重要。特别是在这个时期，孩子开始关注异性，父母的处理尤其需要谨慎。

在青春期阶段，由于性成熟，青少年心理发展的突出特征是开始意识和关注两性关系，开始有了对异性和影视、书籍中相关内容的兴趣，这是一个正常、自然的生理、心理现象。事实上，中学男女同学之间大多是一种正常的交往，父母和老师要用一种平常心来对待。男女同学之间的交往实际上是青少年社会中的人际交往，在这一交往过程中产生的互助、竞争、同情、合作、妥协等等都是他们将来进入成人社会所需的人生智慧，在他们的社会化过程中具有重要意义。

有的孩子谈恋爱，父母用调侃的方式规劝就很容易被他接受。如果只是念叨：你不能谈恋爱，那他可能就不接受。孩子大了，需要更多的是自我成长，是反思，是要独立。

我看过一个故事。

有个14岁的男孩，正值青春期。2月份即将开学的时候，见到了情人节广告，就对妈妈说："妈妈，情人节正好是开学的第一周,说不定一开学我就能收到礼物呢。"妈妈很好奇:"会是什么礼物?""可能是巧克力。"

妈妈说:"那可得让我也尝尝。"

儿子一口答应:"没问题。"

果然,开学没多久,妈妈就吃上了女生送给儿子的巧克力。儿子还主动跟妈妈聊起了送礼的人。她是他的同班同学,他们每天放学都走一段共同的路。

妈妈开始心里有些紧张,脑子里也随之转起了一个问题:儿子青春期的问题终于来了,该怎么处理?在还没有明确的思路之前,她首先让自己镇静下来,首先想到的就是尊重。孩子能把秘密告诉妈妈,妈妈得当得起这个朋友,在他需要的时候为他出谋划策。

后来,这个男孩的父母在许多次同儿子的聊天中,将结交女生朋友时的尊重与责任观念影响给他,让他思考,怎样才能在交往中做到不伤害自己(不当的交往造成学习兴趣的下降也是对自己的伤害),不伤害别人(学会尊重女同学,用健康向上的心态,正常地交往)。让他体会到,对于青春期的正常现象,父母的关注点不在于干涉,而在于关爱。

这样的父母就是聪明的父母。青春期又叫青春反抗期,这是孩子独立意识萌发的最初阶段,也是孩子心理断奶的时期,这个时期对孩子今后心理的正常发育非常重要。千万不要以为在青春期还很听话的孩子就是好孩子!如果他这时候不能表现出独立意识,以后就可能变成一个依赖性非常强的孩子。这个时期,孩子不听话,恰恰是正常的。所谓"脾气变得越来越怪",是所有人都要经历的阶段。别以为就你的孩子这样,所有的孩子都这样!连你自己也曾经这样过,只是年代久远,你已经淡忘了。

我个人认为,青春期里的教育,最好不用过去那种居高临下的方式,别再把自己摆在很高的位置上同他交流,而学着把孩子当朋友。最好少说多问,引着他说他的故事,挑起他说自己事情的兴趣。如果碰到你想教育他的时机,也别用"你不能"、"你应该",而是用"如果我是你,我会这样做……"这类的话语提出建议,让他自己学会去比较两种做法后果的不同。

相关链接

调查表明,90%以上的中学生同父母顶过嘴。经常同父母顶嘴的中学生占 10.7%,偶尔顶一次的占 40.6%,而从来没与父母顶过嘴的只有 10%。相比较而言,男生与父母之间的冲突比女生严重。

调查表明,少男少女有了烦恼和心事,只有 1% 的人愿意向老师和父母诉说。

孩子是在体验中长大的

只有放手让孩子自己去实践,并让孩子自己负责,自己体验过失的后果,才能培养出孩子的责任心。最有说服力的教育不是说教而是体验。

您曾点评过一本书《一个故事一堂课》。其中有个青春期的女儿和妈妈的故事,给人的印象很深。我们可以重新回味一下:

有个女孩16岁,上初中三年级。

像所有进入青春期的女孩一样,她升入初中后,有长达两年多让她的妈妈非常头疼。比如,她痴迷地恋上一个男孩,因此学习成绩下滑到班里的末几名。

看到女儿这个样子,妈妈真的很伤心。她们是单亲家庭,女儿所在的外语附中,一年光学费便高达5000元,还不算食宿费、学杂费,而妈妈的工资每月只有1000多元。

女儿升入初中以后的确一天比一天烦躁,有时做着作业会突然站起来说:"这是什么破题?难死了,我真想把出数学题和化学题的老师都枪毙了。"

后来,妈妈从老师那儿了解到,女儿单恋着班里一个叫杨帆的男孩。

妈妈有意识地和女儿在散步的时候聊天。妈妈把话题逐渐转到女儿的问题上:"你们班有个叫杨帆的同学吧?"

女儿一下子很警惕,紧张地看着妈妈。

这个妈妈接着说,听说杨帆的爸爸也是单身,好像还是高级工程师,有技术的,你帮妈妈介绍一下他爸爸吧。

女儿听后大笑。她说:"妈,您真逗,什么都敢说,我要是给您介绍我同学的爸爸,让别的同学知道了,他们还不笑死我呀!"

妈妈说:"那有什么可笑的?你们同学有这么多人玩还嫌孤单,还愿意一对一地搞对象,妈妈都这么大岁数了,天天一个人,妈妈也怕孤单呀,想有个伴儿,有什么好笑的呢?"

女儿严肃而认真地点点头:"唔,也对,不过介绍我同学的爸爸,我还是觉得不行。这样吧,您让我再想想。"

"你们班的杨帆同学怎么样?他的人品如果好,那么他爸爸应该也不错。"

"杨帆嘛,我觉得他挺好的,可大家都说他自私。谁有了事他都不管,背起书包就跑,班里的劳动他也从来不参加,更不会给哪个同学买礼物,都是大家送礼物给他。学校开运动会的时候,他连桌椅都不帮忙搬,他说他不喜欢干这些,麻烦。"

妈妈说:"那我觉得你可不该恋他,也许将来你和他散步时,碰上刮风了、下雨了,他会连衣服都不肯给你披,一个人先跑了;太自私的人,也不会真爱别人。"

"好像有点道理。"女儿说完,陷入了沉思。

因为谈论妈妈的对象问题,家庭氛围变得前所未有的民主:女儿像女友一样听妈妈倾诉,这时,妈妈非常认真地说到她的学习。妈妈告诉她,我们生活在现行的教育制度下,不把分数搞上去,就会吃很大的亏。接着,妈妈给女儿算了一笔账,女儿初中念下来的总费用够念大学了。她又提醒女儿:如果中考能拿到好成绩,考上公助的高中分数线,就能省下高中的一大笔学费,顺利地去读大学。

妈妈对女儿说:"从前妈妈总是偷偷地观察你,看你是否在专心学习,你也为应付我而做样子。现在我想,这个方法是不可取的。咱们换一种方式,我对你完全放松,完全信任,你自己则对自己的行为负责。比如你觉得自己的功课可以了,就可以去玩,就可以放心大胆地听音乐、看闲书,做什么都行;你的时间由你自己支配,自己安排。如果在期末大考的时候能进入前 30 名(女儿的学校是重点中学,每个班有 75 名学生),接下来的初三就继续念;如果你进不了前 30 名,可能要结束在这个学校的学习。你愿意承担这一切吗?"

女儿连连点头,立刻拿来纸和笔,起草了一式两份合同。合同的主要内容是,从现在起,学习上的事母亲一句不要多说,女儿会对结果负责。

临近期末时,女儿起早贪黑,学习不再是摆摆样子,而是进入实战。成绩出来时,她半喜半忧地说:"妈妈,我考了第 30 名。"

妈妈笑了,认真地说:"履行合同。"

实际上,**关系好本身就是一种成功。关系越好,教育越有效;关系越糟,教育越无效**。这提醒我们,在教育过程中起作用的,不仅仅是理智,还包括感情。感情上是向心力还是离心力,教育效果完全不同。请看,妈妈刚刚调整了态度,就引起女儿的强烈共鸣,这表明建立亲密的关系本身就是一种成功的教育。这对青春期的孩子来说尤其重要。

故事的后半部分是:

按照事先计划好的"苦难教育",妈妈把女儿送上了回东北老家的火车。老家有她的姑姑、奶奶等亲人，他们下岗的下岗，打工的打工，生活得都不是很容易。

女儿是一个月后回来的，外表的变化是她晒黑了。可女儿更大的变化是，她确实懂事了，懂得了生活的艰辛，懂得了对妈妈感恩。妈妈弯腰给她盛饭时，她会赶紧抢过来说：妈妈，您歇一会儿，我来盛。妈妈夜间工作时，她会给妈妈端一杯热糖水，还站在后面帮妈妈捶背。有一次妈妈外出开完会回到家，发现女儿把整个房间打扫得干干净净，还把妈妈的鞋子洗干净晾在阳台上。

这也使妈妈明白了一个道理，空洞的说教是没有多大作用的，改变孩子，使她们成熟的，是挫折和苦难的现实生活。

初三开学了，送女儿入学的那天，在教室门口，妈妈把装在信封里的5000多元学费交给老师。老师打开信封，一张一张地数。女儿站在妈妈身边，默默地看着老师数钱，半天没有出声。

在等公共汽车的时候，女儿对妈妈说："我会努力的，等我考上公助的高中，就给您省钱了。"

女儿还对妈妈说："我也不想给您介绍杨帆的父亲了，也许他父亲跟他一样自私，咱们还是重新开始吧。"妈妈明白，女儿是在含蓄地表明她放弃杨帆了，已经解脱了初恋情感。

最有说服力的教育不是说教而是体验。父母们常常抱怨孩子不懂事，没有责任心，可很少想一想，养尊处优的生活怎么会让孩子有生存危机，又怎么会生长出责任心？这位妈妈仅仅让女儿去东北老家体验了一个暑假,女儿便变了一个人似的,这说明孩子太需要丰富的经历。因此,教育不仅仅是说教,而且要行动起来,让孩子走向大千世界,体验真实的生活。其实回想一下,**我们为人父母为何比孩子坚强又富有责任心,不正是复杂的经历与艰苦的拼搏塑造了我们吗?我们为什么要让孩子成为无源之水呢?**

其实孩子到了青春期这个年龄段,应该可以理解很多东西了,尤其是责任感。而父母常常认为孩子除了学习之外,不必知道过多。

这一代孩子小时候就容易以自我为中心,从小就不大会关心别人。我感受特别深的是,全中国的父母没在一起开过会,但是父母跟孩子都会说的一句话就是:孩子,只要你把学习搞好了,别的什么也不用你管。父母对孩子的为人处事想得很少,让孩子从小觉得不需要关心别人,但自己千万不能受委屈,这是多数独生子女的普遍心理。久而久之,他也就不去了解别人怎么想,意识不到别人的存在,而是特别在乎自己是否舒适,是否痛快,我想这是一个特别大的普遍的问题。

事实上,社会的每一个成员在其职业、文化、交往和消费活动中,每天都应承担自己对他人的责任。

责任感是人类的一种复杂的情感体验。人的责任感通常包括三个层面:对家庭的责任感(包括对亲朋好友),对社会的责任感,对自然的责任感。责任感是在人的社会化过程中逐步形成的。

现在人们总说孩子没有责任心,实际上,在很多情况下,孩

185

子的责任心是被父母剥夺的。孩子是在体验中长大的,而不是在说教中长大的。父母包办得越多,孩子的能力越差。只有放手让孩子自己去实践,并让孩子自己负责,自己体验到过失的后果,才能培养出孩子的责任心。对于青春期的孩子,这一点可能更重要。责任心也是孩子自立于社会并能幸福地生活,最终发展成为一个对社会有价值的人的重要条件。从小就有强烈的责任心,长大才能具备社会责任感。

给父母的建议

- 父母要尊重孩子的未成熟状态,成长是不能代替的。

- 青春期教育宜柔不宜刚。成功的父母永远是孩子的知心朋友,应当善意地倾听孩子的心声,必要时为孩子保守秘密。当孩子诉说心事之后,父母应该给予的不是训斥更不是打骂,而是可靠的经验与可行的建议,并留给孩子成长的空间和选择的权利。

- 最有说服力的教育不是说教而是体验。父母包办得越多,孩子的能力越差。只有放手让孩子自己去做,并让孩子自己负责,自己体验到过失的后果,才能培养出孩子的责任心。

与孩子沟通的
几种有效方式

"我觉得自己的教育很失败,我没有办法和孩子沟通!"一位 16 岁高中男孩的母亲这样抱怨。数据显示,像她一样不了解孩子心理的妈妈超过一半;51.24% 的妈妈不清楚孩子最大的压力是什么;58.09% 的妈妈无法及时觉察孩子情绪上的变化。

作为父母,如果要培养一个成功的孩子,就应该成为与孩子沟通的高手。如果能成功引导孩子的想法和理想、行为,那么培养出一个有主见、有选择能力的孩子就不是件难事。

同在一个屋檐下，写信也是好办法

当父母觉得和孩子进行口头交流效果不太好的时候，当父母希望自己的话语能充分引起孩子关注的时候，给孩子写信，不失为一个好办法。

有一位妈妈到学校接女儿，竟然发现女儿在课堂上的写字姿势很差，眼睛离书面最多 10 厘米，而且写作业的速度是全班倒数 5 名之内。这位妈妈回家后很严肃地和女儿谈了半个小时，最后不免声音又硬又狠，惹得弱小的女儿哭了起来，第二天女儿就没有和妈妈说话。这位妈妈着急了，于是决定给女儿写第一封信。当女儿收到这封信时，眼睛放光，因为这是她收到的第一封信呀！刚看了一句就说："妈妈，你是把我当做平等的人吧？"最后看完了，女儿跑过来紧紧抱住了妈妈。女儿能从妈妈的一封简单的信中读出平等、尊重，当女儿紧紧抱住妈妈时，母女间所有的怨恨与芥蒂可能就烟消云散了，这怎能不让做母亲的高兴呢？

傅雷是我国著名的翻译家和教育家，他写给他孩子的《傅雷家书》，早已经成为脍炙人口的一本好书。这本书以书信的方式把一位关心孩子成长的父亲的话用平实的、语重心长的笔调记录下来，读来倍觉亲切。所以，尽管这本书是傅雷先生多年书信的结集，尽管这些信只是写给他自己的孩子的，但《傅雷家书》至今仍成为许多人用来教育孩子的经典之作。

《傅雷家书》的确给了很多父母以启示，但毕竟是父与子相隔两地的作品。有的家长会疑惑："写信，是两个住得很远的人才干的事吧？我们住在一起，为什么还要写信？"

其实，信可以是两个住得远的人写的，也可以是住在一起的人写的。更重要的是，给孩子写信能让孩子意识到他在你眼里的地位，这样的效果是不错的。

书信，是人们交流情感的重要方式，但大多数人往往把它用在具有一定空间距离的交往中。尤其是现在，通讯工具越来越发达，人们写信的机会也越来越少了。当父母和孩子同处一室的时候，就更觉得用不着写信了。但在教育孩子方面，写信交流常常是一个非常好的办法。当父母觉得和孩子进行口头交流效果不太好的时候，当父母希望自己的话语能充分引起孩子关注的时候，就可以用这种方法。父母在写信的时候大多平心静气，思路清晰，条理完整，是一种"润物细无声"的方式。而且，孩子容易把父母说的话当成"耳旁风"，但如果写成文字，孩子就不会不注意了，这样更容易触动孩子的思想。写信能表达出父母内心对孩子最真挚的情意，孩子在读信的时候也能从字里行间体会到父母对他的关爱，亲情一旦激发就是一种珍贵的教育。当孩子给父母回信的时候，他也能够充分表达自己心中的喜怒哀乐，并且在写信的时候锻炼了文字表达能力。

看来给孩子写信确实是一种比较好的方法。但是怎么写、写什么也是有讲究的吧？恐怕有的父母会写成严肃的教育条例。

所以我有几条建议：

1. 给孩子的信要有真情。写信给孩子之所以是一种好的交流方式，就是因为这种方式很感人，多是写信人真情的流露。如果父母不能用真情与孩子交流，写信也只能流于形式。比如可以把心里话写下来，放在孩子的床头。但是别急着问他看了没有或者看了之后怎么想的，因为孩子肯定会看的，但是他看了之后可能什么也不说。家长如果还有想说的心里话，可以接着写第二封信、第三封信。

2. 写信可以是多种形式的。比如，有的家庭用"家庭日记"的方式，还有的家庭经常使用留言条。不管怎样，只要采用文字的形式与孩子进行真情交流，就有可能收到事半功倍的效果。

3. 掌握时机。当有些事情父母无法说出口的时候，或者与孩子冲突升级的时候，父母给孩子写信交流，可能比当面开口讲效果更好。因为父母写信时心情会平静下来，说出的话会中肯一些；而孩子看到父母的信，自然会有些反思，可能会更容易理解父母。

一位叫于秀娟的母亲给女儿写的信主要有三种内容，一种是关于读书的通信，一种是关于花钱的通信，另外一种通信则是关于成绩的。

她谈到过这样一件事：女儿小学毕业前夕，提出要拿钱给同学们买纪念卡，以表达几年来同学之间结下的真挚友谊和浓浓的情感，这是人之常情。面对女儿的合理要求，父母觉得无法打击她的热情，便答应下来。经过一番思考和准备，妈妈在她的抽屉里放了一封信。在信中，妈妈给女儿算了一笔经济账，详细列出了她一年来为同学、为朋友过生日、送礼物等的种种花销，同时还引用了一篇来自贫困山区希望小学的报道，里面介绍了几位不畏生活困难、勤奋读书的小学生。妈妈还随信附上了几

忠告天下父母

张亲手做的精美贺卡,里面还夹着自制贺卡的方法。第二天,女儿看到了信,她先是缄默不语,静静地思考,接着,她惊讶地说道:"真是不算不知道,一算吓一跳。我竟然花去了几百元,够那些小朋友几年的学费呢!"她拿起了妈妈给她做的贺卡,爱不释手地看着,说:"哇,这贺卡比买的还棒,妈妈手真巧,我也要做,我要跟您比一比……"

相关链接

据全国妇联、《中国妇女》杂志的调查显示,32.35%的母亲与孩子存在沟通障碍。"我知道我的孩子喜欢《粉红女郎》漫画,我也找来看过了。"一位12岁男孩的妈妈告诉记者,为了和孩子缩小代沟,了解孩子,她努力去接触孩子喜欢的图书、电视和音乐。调查数据显示,62.5%的妈妈愿意找孩子喜爱的图书阅读,并和孩子交流;65.4%的妈妈愿意陪孩子看儿童节目。而为了了解孩子,83.5%的妈妈每隔一段时间都会和孩子的老师交流一次。

"我觉得自己的教育很失败,我没有办法和他沟通!"一位16岁高中男孩的母亲这样抱怨。数据显示,像她一样不了解孩子心理的妈妈超过一半;51.24%的妈妈不清楚孩子最大的压力是什么;58.09%的妈妈无法及时觉察孩子情绪上的变化。

据统计,"找不到好的沟通方法"是妈妈们最大的苦恼,占32.35%;其次是"孩子不愿对我说心里话",占21.47%。

调查结果显示,73.68%的妈妈希望"了解别的父母是如何和孩子沟通的",73.53%的妈妈希望当自己和孩子交流出现问题时,能够"有专家可以咨询并得到专家的帮助",可见妈妈们迫切希望得到如何和孩子沟通的指导。

与孩子谈判协商是父母应该掌握的技巧

父母有意识地在一些问题上与孩子协商,并不意味着父母失去对孩子的控制或对孩子完全让步,而是在互相理解对方的前提下,寻求一种折中的共同满意的方案。

案例

一个周四的晚饭后,6岁的儿子一面看着 **NBA** 赛事的时间表,一面向我们提出请求:要看一节我们所在城市的 NBA 篮球队魔术队在美国西部一个城市的比赛。由于美国东西部有 3 个小时的时差,比赛开始时已是我们东部晚间 10 点了。而一般到了这个时间,他就该准备睡觉了。所以我们回答说不可以。但作为一个铁杆球迷,儿子并没因此罢休,而是提出了如下的一些理由:比如这场球赛对魔术队能否进入决赛很重要,他自己当天晚饭后看 30 分钟电视的"份额"可以留到那时再用,同时他保证第一节比赛一结束,他就会马上关电视去睡觉。看来小家伙是"蓄谋已久"。我们认为虽然一般的规矩是这么晚就不能再看电视了,但他提出的几条理由都挺在理,说明他为这事颇费了些心思。于是在与他说明了两点后,就同意了他的请求。第一点,第二天早上不能晚起而耽误上学;第二点,不能从此每有球队去西部比赛都可以看。孩子欢天喜地地在晚上 10 点看了一节比赛后,就满意地去睡觉了。

后来和其他父母谈起此事,有人认为我们对孩子的妥协有点过头了。但我们却认为那天晚上不到三分钟的交谈是孩子和我们大人间进行的一场成功的谈判。儿子一方为自己的爱好事先采取行动,动脑筋组织理由打动我们;我们一方相信他能遵守自己的诺言,对常规规矩稍做一次性改变。

其实不论我们是否愿意或承认,孩子天天在和我们谈判。从小的时候每天穿什么、吃什么,到大一些时孩子的房间要整齐到什么程度,是一放学到家就做作业还是吃完饭再做,要帮做哪些家务活儿,看多长时间的电视,是参加游泳还是篮球活动,到再大时对朋友、大学、专业的选择等等。既然是天天要做的事,与其任其自由发展,不如大人和孩子一起学习,共同成长。

父母有意识地在一些问题上与孩子协商,并不意味着父母失去对孩子的控制或对孩子完全让步,而是在互相理解对方的前提下,寻求一种折中的共同满意的方案。同时我们也在潜移默化地教孩子如何与他人谈判,帮助他们对未来的生活做一种必要的准备。谈判的能力不仅仅是外交官或商人才需要,它是一种广泛适用的生活能力,其结果不一定是谁赢谁输,而是一种公平和理解。它能让人学会站在对方的角度考虑问题,最终达成一种对参与各方都最有利的所谓双赢方案。

——《少年儿童研究》2005 年 8 期　作者:吴小竹

　　我记得您曾经说过:**孩子常常比大人讲道理**。我在实际生活中也有切身感受。成年人也不是不讲道理,但往往对孩子缺乏足够的耐心。当然,也是因为与孩子谈判的技巧运用得不当。那么父母和孩子谈判要注意什么呢?

　　曾经有一位母亲问过我:"为什么孩子总爱和大人顶嘴?"

　　其实顶嘴也是一种成长,要学会和孩子讲道理,讨价还价也可以。谈判实际上也可以说是一种民主的教育。重要的是不要提前给孩子的成长道路设置限制,更不能"一厢情愿"地规定孩子成长的模式和空间,因为**教育是人的解放,不是枷锁**。

　　前段时间,不少媒体都报道了河南郑州某家庭签"亲子合同"的事情。

　　王宝贝的妈妈一直希望自己的独生子比同龄人优秀。从上幼儿园开始,她就经常问他一些问题,渴望了解他在外面的生活,想帮他少走弯路,做一个懂事聪明的孩子。他上小学后,王宝贝的妈妈就更关心儿子了,每天不是问学习,就是问成绩,要不就问他与同学的关系,还陪着他做功课。

　　其实,王宝贝是一个勤奋好学、性格开朗的四年级学生,在班上成绩一直名列前茅,是第五届宋庆龄奖学金获得者。王宝贝说,他很努力地学习,希望妈妈满意。本来在学校一天的生活已经很紧张了,回家还要应付妈妈没完没了的问题,不回答吧,妈妈就很不高兴,他特别无奈。特别是吃饭的时候,妈妈坐在一旁,又是夹菜又是夹肉,还不停地说:"儿子,你多吃点蔬菜,补充维生素和纤维","儿子,别吃那么多面饭,当心发胖"。本来香甜的饭菜,让妈妈搞得没了胃口。他说:"我已经9岁了,妈妈还当我是不会吃饭的婴儿。"

于是,新学期开学没几天,聪明的王宝贝主动对妈妈实施"行为契约法"。当妈妈又在吃饭时说些老生常谈的话题时,王宝贝把筷子一放,站起来郑重地说:"妈妈,咱们签份合同吧!"合同是这样的:

王宝贝和妈妈的协议

1. 以后妈妈不在吃饭时间问王宝贝的学习情况;作业不会做时,妈妈不许发脾气,不许敲桌子,要耐心讲解;周末晚上给王宝贝放松时间,不能硬性规定必须9点睡觉。

2. 王宝贝要主动跟妈妈谈心,不乱花钱,不瞒着妈妈做事情;每天洗自己的碗,叠自己的被子。

3. 合同有效期:本学期。

母子俩都签了字,然后按照协议行事,很快母子之间消除了紧张。妈妈再也不在吃饭的时候问个不停:"儿子,今天功课学会了没有?""老师提问你了没有?""数学题有错的吗?"王宝贝的变化也很明显:不乱花钱买玩具,回家主动告诉妈妈当天在学校的情况,按时做作业,自己洗碗,还承担了扫地的任务。

这个协议实际上就是谈判的结果。孩子的行为规则一旦约定俗成,就不用三令五申,照章考核孩子的行为就行了,而长期唠叨啰嗦只会降低父母在孩子心目中的威信和地位,起不到好的教育效果。而"行为契约法"常常用类似公司签协议的表述方式,帮助孩子自我观察,建立良好的行为规范,父母则省去了许多说教,亲子之间的情绪冲突大大减少,孩子因此学会了自主管理,所以说这是一种科学有效的教育方法。

订协议是谈判的一种方式吧?

协议是一种形式。一般来说,代际关系能否融洽,关键是父母是否民主,是否支持和尊重孩子的合理意见,是否让孩子参加对事务的决策。

和孩子谈判的好处有哪些呢?

因为孩子自己参与了意见,所以执行起来一般阻力不大;孩子从谈判中感到他对自己的生活有了选择的权利:由于有一定的发言权,孩子会觉得生活中不是事事都由父母安排,这会强化他们的自信心和自尊心。

同时,谈判加强了父母和孩子的交流质量:当孩子感觉到父母对他们的意见不是敷衍了事而是认真听取时,孩子会更愿意和大人交流,父母也会更了解孩子,从而关系更融洽。

但父母要明白这样的道理:不是所有的事情都可以谈判的,比如涉及法律法规、孩子的安全与健康等内容就不容谈判。毕竟孩子还小,总有些事情是不在他们的理解范围之内的。

相关链接

著名心理学家劳伦斯·斯泰因伯格教授经过长达

三年的调查研究,发现缺乏与父母沟通、缺乏向父母吐露心声的孩子,在学业方面遇到麻烦的可能性较大,沾染上吸毒或酗酒等恶习的可能性也较大。另外,缺乏与孩子的有效沟通,忽视孩子身上发生着的变化,更会让孩子从感情上疏离父母,甚至会造成孩子性格心理上的缺陷。

家庆能让孩子体会亲情

亲情是一种力量,它能给予人们战胜困难的勇气,它能净化人们的心灵,它能提升人们的思想境界。生活是不能没有亲情的。

除了我们上面已经谈过的沟通方式,还有什么比较新颖的做法吗?

我推荐一种方式:家庆。

也就是找个日子,举家庆祝?

有一个家庭,虽然挣的钱不是很多,家里也不是特别有势力,但一家人父慈子孝,相亲相爱,和和美美,邻居都很羡慕。这个家为什么能维持和睦、甜蜜,秘诀在哪里呢?原来这个家庭一直有一个几十年的老传统——举行家庆,即庆祝家庭的节日。

什么是家庆呢?就是父母的结婚纪念日。父母的想法是:我们的家是因为我们结婚而来,所以说我们两个人的结婚日就是我们家庭的纪念日,所以要举行家庆。

刚开始只有夫妻两个人一起庆祝,后来孩子大了,孩子到了父母的结婚纪念日都来庆贺,重温父母给孩子们带来的快乐,聚在一起讲一讲孩子的成长,全家人交流一下感情。后来家庆成了维系家庭的重要节日。因为有了这个家庆,孩子对父母多了一些理解和敬意,多了感激之情,懂得没有父母哪来孩子,所以他们非常珍惜这一天。孩子非常孝敬长辈,长辈非常疼爱孩子,大家的心融在一起,所以这个家庭就成了一个和和美美的家庭。

我认为,在当前快节奏、忙碌的生活里,每一个家庭都可以举行自己的家庆,让家庭中的每一个人都放松身心,相聚交流,这是一种多么重要的心灵之约呀!

现在的家庭除了过年过节外,可能也就是给孩子过生日相聚了。

我们为什么只会忙着给孩子过生日呢?没有父母哪来的孩子?让孩子知道父母的结合对他们的意义,这对孩子理解家庭、理解爱情、理解生命意义不是很重要吗?

通过家庆可以维系整个家庭的感情,使家庭成员感到亲情融融。亲情是人类永恒的话题。只要我们生活在世间,或者说只要我们还活着,我们就离不开亲情。家庆能让孩子体会亲情,通过家庆能让孩子懂得,亲情是一种力量,它能给予人们战胜困难的勇气,它能净化人们的心灵,它能提升人们的思想境界。生活中是不能没有亲情的,而生活里时时有亲情在温暖着我们。

更让我认同的是,家庆能使每个家庭成员自觉地意识到自己在家庭中的地位,以确立个人的家庭责任感,并能将这种礼仪传承给下一代且有所发扬光大。我相信这反映了一种智慧。

不同的家庭确立家庆日应该根据自己家的具体情况而定吧?

父母可以考虑设立一个纪念日做为家庆日,以加强家庭成员之间的情感交流。

家庭庆祝日应该是与家庭有关的节日,是除了孩子的生日、父母的生日之外的对于家庭有重大意义的日子,可以是祖父母或父母相识、订婚、结婚的纪念日,也可以是孩子的人生路上特别值得纪念的日子等,只要一家人能接受并认可就好。定下的节日要以一定的方式庆祝,并要长期坚持下去,才能对孩子形成类似"家风"的影响。否则,一时兴起的庆祝只能给孩子一种一时新鲜的感觉,过完就可能忘了。

教孩子必要的礼仪。要让孩子知道家庭庆祝日是独特的,是家庭的重要的纪念日,和平时过的节日不同。所以要教孩子注意言行举止得体,穿整齐、干净的衣服,或比较正式的服装,以表示节日的庄重与严肃。

父母以身示教。要让孩子成为一个孝敬的孩子,父母必须自己首先做到,为孩子树立一个可以效仿的榜样。在孩子面前,父母应该表达出对自己父母的关爱和孝心,让孩子亲眼目睹、亲身体会,榜样对于孩子的成长是一种重要的力量。

每家还是要根据自己家的具体情况,比如经济能力、人员分布来决定家庆的形式和规模。

庆祝要节俭。家庆是一个团聚的快乐日子,举行庆祝会是一种仪式,但不宜以庆祝为名,大肆在饭店设豪华饭局或者开展过于时髦的"流行"活动,庆祝会应该以节俭为重。可以在家里举行庆祝会,大家一起动手准备,互相帮衬,一家人相聚才是最有意义的。当然，外出野餐、踏青，都是可以选择的方式，具体方式要考虑家庭的具体情况。总之，家庆不可过于物质化，而要突出浓浓的亲情与和谐的精神，这才是家庆的魅力所在。

相关链接

家庭是社会的"基本细胞"。20世纪80年代以来，由于全世界家庭数目急增，家庭规模日趋缩小，离婚率普遍上升，人们的家庭观念也在发生变化，种种家庭问题给社会带来巨大的冲击，并日益为国际社会所关注。1993年2月，联合国社会发展委员会作出决定，从1994年起，每年5月15日为"国际家庭日"。设立"国际家庭日"旨在改善家庭的地位和条件，加强在保护和援助家庭方面的国际合作。

可以说，现代家庭受到了家庭外部环境的重视。虽然设立"国际家庭日"并不能保证每个家庭的美满、幸福，但已经表明美好的家庭对于社会的价值与意义。对于家庭自身而言，家庭成员间的和谐相处则是最重要的。和谐是我们的幸福之本，中国优良的传统文化如果用一个字来概括，那必定是一个"和"字。如孔子说"和为贵"；如荀子说"和则一，一则多力"；如孟子说"天时不如地利，地利不如人和"。毫无疑问，和谐的家庭是温馨的家庭，和谐的校园是快乐的校园，和谐的社会是自由的社会，和谐发展的人是幸福的人。

沟通方式应该多元化

沟通未必都用口头和书信方式，肢体语言有时也能收到奇妙的效果。

我们上面谈了几种沟通方式。父母可以寻找最适合自己孩子的方法。但可以肯定的是，还会有许多方式是我们所没有谈到的。

有些父母在和孩子沟通上过于急躁，总设想通过一两次聊天就能和孩子成为知心朋友。这不可能，因为两代人差异很大，又成长于不同的时代，理解需要有一个过程。如果只有急切的心情，缺少扎实的行动，那么在亲子关系上就可能长期吃着"夹生饭"。

说到聊天，看起来好像父母每天都和孩子有各种对话。但真正触及教育的，父母有意为之的聊天在某些家庭中可能很少；对孩子主动想聊的话题，父母还会常常忽略。

有个小男孩上小学二年级了，每天放学一回到家里，一天的见闻趣事便滔滔不绝冲口而出，妈妈自然成了他的忠实听众。有时听得腻了，妈妈就劝他儿子歇一会儿，可儿子还要往下说："你就让我把最后一句话说完，行吗？"妈妈只好耐着性子听他讲完。

在聊天中，妈妈和儿子不知不觉就成了好朋友，成了可以敞开心扉的伙伴。这个儿子有一次突然非常感慨地说："妈妈，我每天最快乐的事就是和你聊天！"

父母和孩子的沟通，实际上是两个生命的碰撞。应该说，碰撞所产生的内容是无限丰富的，它所达到的高度也是没有止境的。

沟通未必都用口头和书信方式，肢体语言有时也能收到好的效果。徐国静女士就讲过"拍三下肩膀"的故事。

故事是这样的：

我一直迷信语言，并认为只有语言能传达我的命令和要求，好像教育孩子就非说话不可。可话说多了，在孩子那里又变成了唠叨，变成了干扰和破坏情绪的噪音，而常常招来孩子顶嘴，惹我大怒，以致采用武力。可发怒和动武都是教育孩子的大忌。

女儿上学以后，每天回来，不换衣服就往屋里钻，说过一次两次，仍旧习不改。到说第五第六次时，我就来火了，不再说脱衣服的事，而开始数落她没记性的坏毛病。她听烦了，听腻了，就开始顶嘴，做鬼脸，一副坚决不改错的模样，愈加让我火上加油，惹得我怒不可遏。

有一天，她看我真的急了，便一转脸，笑起来："妈妈，我告诉你一个好办法。明天放学回来，我要是再忘了脱衣服，你别说话，在我的肩上拍三下，我就想起该脱衣服了。要是我跟你顶嘴，你也别说话，就在我手上，轻轻地打三下，我就不会跟你顶嘴了。行吗？"说完，她仰着头，故意跷着脚尖，看我的眼睛。

我愣住了。怒火从头顶迅速退到脚跟，刚才被愤

忠告天下父母

怒点燃的每一个毛孔，也渐渐熄火了。

"那好吧，从今天开始，妈妈就用你教的新招。"我笑了，一种获救感突然袭遍全身。

她的这招还真灵，只要她忘了换衣服，我一拍肩膀，就立刻去换，还回报我一笑。一连几天，我们不使用语言，只用手和形体动作来对话。家里不再有战火硝烟，一片和平景色……

手似乎比嘴巴更有魔力，只要一点，她就立刻有反应，而且立刻有行动。可能因为手不像嘴那么张扬，那么随便扩散传播怒气，手的指令更能让孩子接受并遵守。手使用的语言采取暗示法和保护法，不容易让孩子受伤，也不容易让孩子出丑。而嘴巴不同，嘴巴只要一张开，尤其自认为有权力数落孩子、指责孩子、批评孩子的大人就肆无忌惮了。哪句话有杀伤力就用哪句，用什么语言能描绘出孩子的丑行就毫不犹豫地使用。结果语言不但没有成为与孩子交流的桥梁，而且成了阻碍。家长与自己的孩子可以多采用奇妙的身体语言进行交流。

有的父母虽然和孩子在一起的时间也很多，但孩子没有感受到真正的沟通。我可以引用三个孩子的发言。

同学 A：我最怕妈妈陪着我了。只要她在家，就会不停地唠叨着"学习"、"学习"，听得我的耳朵都疼了。我爸爸又特别爱看着我写作业，让我觉得自己就是一个小囚犯。所以，我宁可他们谁都不在家，这样我还自由一些。如果他们不是这样对待我，如果我们一家人能够有说有笑，如果他们能够带我出去玩一玩，我自然是希望我爸爸妈妈在家的。可惜,这些都是幻想!

　　同学B:以前我妈妈在工厂上班的时候,晚上经常有夜班,那时我特别羡慕班里别的同学有妈妈陪着。我爸爸不爱讲话,他在家的时候只是看电视,所以他在家和不在家一样,我感觉自己很孤独。后来我妈妈下岗了,本来我还鼓励妈妈再找一个工作的,可我妈妈说我快升中学了,这是个关键时期,因此她要好好地在家里陪着我。这下我的好日子没有了,妈妈每天的任务就是看着我学习,给我做饭吃。我的生活是有人照顾了,可我觉得很难受,因为妈妈总是给我布置特别多的作业,让我觉得好像永远也做不完。所以,我现在特别希望我妈妈能重新上班。

　　同学C:我希望父母不仅仅是陪我玩,更要与我有心灵上的沟通。比如,我希望爸爸给我讲讲他小时候的故事,希望妈妈讲讲她有没有暗恋过哪个男同学。爸爸虽然给我讲过小时候的事情,可我觉得他好像就是为了教育我,他怎么淘气、怎么和爷爷顶撞的事他都不讲,我还是在爷爷那里听到了一些。我妈妈更不可能给我讲她的早恋故事了,我有同学来电话她都紧张,所以我根本不敢有那样的奢望。父母总认为讲了这些我们就会学坏,其实我觉得只有这样他们才更像我的朋友。

　　这三个孩子可以说很有代表性。许多父母确实还不知道如何沟通更有效果,更能被孩子接受。

　　许多父母抱怨孩子越大越不愿意和他们交流。其实部分原因是源于孩子在小的时候,父母与孩子之间的沟通没有做好,因而,渐渐地孩子也就不愿意和父母交流了。实际上,孩子年纪越小,越是代际沟通的黄金时期。如果坚持下去,孩子即便大了,也会习惯于与父母交流的。

相关链接

美国的心理学教授劳伦斯·斯泰因伯格用三年的时间,对两万多名青少年进行了研究。他发现,凡是每天和父母分担喜怒哀乐的青少年,学习上很少有困难,也不大会卷入吸毒和酗酒的行列。

给父母的建议

- 在教育孩子方面,写信交流常常是一个非常好的办法。给孩子的信要有真情,如果父母不能用真情与孩子交流,写信也只能流于形式。

- 要学会和孩子谈判。因为孩子自己参与了意见,孩子感到他对自己的生活有了选择的权利。由于有一定的发言权,孩子会觉得生活中不是事事都由父母安排,这会强化他们的自信心和自尊心。

- 在当前快节奏、忙碌的生活里,其实每一个家庭都可以举行自己的家庆,让家庭中的每一个人都放松身心,相聚交流。

- 沟通未必都用口头和书信方式,肢体语言有时也能收到好的效果。

图书在版编目（CIP）数据

好的关系胜过许多教育：孙云晓教授谈平等和谐的
亲子关系/孙云晓，张纯颖著. —杭州：浙江少年儿童
出版社，2007.2
（忠告天下父母）
ISBN 978-7-5342-4256-4

Ⅰ. 好… Ⅱ.①孙…②张… Ⅲ. 青少年教育：家庭
教育 Ⅳ.G78

中国版本图书馆 CIP 数据核字（2006）第 158374 号

jntb. taobao. com

责任编辑　袁丽娟
装帧设计　赵　洋
责任印制　阚　云

Embroidery T shirt

忠告天下父母

好的关系胜过许多教育

孙云晓教授谈平等和谐的亲子关系

孙云晓　张纯颖　著

浙江少年儿童出版社出版发行
（杭州市天目山路 40 号）
钱江彩色印务有限公司印刷　　全国各地新华书店经销
开本 880×1230　1/32　环衬 1　印张 7　字数 150000　印数 1—20000
2007 年 2 月第 1 版　　2007 年 2 月第 1 次印刷

ISBN 978—7—5342—4256—4　　　定价：12.50 元

（如有印装质量问题，影响阅读，请与购买书店联系调换）